# LOS 10 SECRETOS DE LA

# ABUNDANTE FELICIDAD

Adam J. Jackson

# LOS 10 SECRETOS DE LA

# ABUNDANTE FELICIDAD

editorial irio, s.a.

46ª edición: diciembre 2004

Título original: SECRETS OF ABUNDANT HAPPINESS
Traducido del inglés por Nestor Coronado
Diseño de portada: Editorial Sirio, S.A.
Ilustración de portada: Marcela García

© de la edición original
  Adam J. Jackson, 1995

© de la presente edición
  EDITORIAL SIRIO, S.A.       Nirvana Libros S.A. de C.V.      Ed. Sirio Argentina
  C/ Panaderos, 9             Av. Centenario, 607              C/ Castillo, 540
  29005-Málaga                Col. Lomas de Tarango            1414-Buenos Aires
  España                      01620-Del Alvaro Obregón         (Argentina)
                              México D.F.
  www.editorialsirio.com
  E-Mail: sirio@editorialsirio.com

I.S.B.N.: 84-7808-204-2
Depósito Legal: B-49.104-2004

Impreso en los talleres gráficos de Romanya/Valls
Verdaguer 1, 08786-Capellades (Barcelona)

*Printed in Spain*

# INTRODUCCION

*Recorres el mundo en busca de una felicidad
que est· siempr e al alcance de tu mano.*

*Horacio*

Si preguntamos a la gente qué es lo que más desean en
esta vida la respuesta más común será: "Quiero ser feliz."
¿Por qué son felices tan pocas personas? ¿Por qué la indus-
tria de los antidepresivos es una de las más florecientes?
¿Por qué tan pocos seres humanos se consideran a sí mismos felices? ¿No será que hemos estado buscando la felicidad en lugares equivocados?

Estoy convencido que todos tenemos la capacidad de
ser felices. No importa el dinero que tengas o no tengas, no
importa el tipo de trabajo ni el lugar donde vivas. Cualesquiera que sean tus circunstancias presentes, tienes en ti
mismo no sólo el poder de ser feliz, sino el poder de experimentar una gran abundancia de felicidad.

La Abundancia de Felicidad no es sólo librarse de la
depresión y del dolor, sino que más bien consiste en una
sensación de alegría, de contento y de maravillado asombro
ante la vida. Esto no significa que sea posible, ni siquiera
deseable, vivir en éxtasis continuo; hay momentos en los

que nuestras vidas se ven afectadas por tragedias y pérdidas personales y es totalmente natural sentir tristeza, pena y decepción. Pero hay diversas formas de hacer frente a tales experiencias y con mucha frecuencia, los obstáculos y las adversidades de la vida podemos convertirlos en triunfos.

Al contrario de lo que ocurre en la mayoría de las parábolas, todos los personajes que aparecen en este libro están basados en seres reales (con la excepción del anciano sabio chino, que es una composición basada en diversos hombres y mujeres sabios que he conocido). Por supuesto, he cambiado sus nombres y he modificado algunas circunstancias tratando de mejorar el relato, pero todos ellos triunfaron sobre sus crisis personales y todos hallaron la felicidad tal como se expone en cada uno de los capítulos. Espero que sus relatos te ayuden y te inspiren a seguir su ejemplo y a experimentar las bendiciones de la Abundante Felicidad.

Adam Jackson
Hertfordshire
Marzo de 1995

# LA AVERIA

Todo comenzó una fría y húmeda tarde del mes de Octubre, mientras volvía a casa del trabajo. Pasaban ya de las ocho y era la tercera vez en aquélla semana que había debido quedarse en la oficina más tarde de lo usual. El cielo había estado cubierto durante todo el día, sin embargo decidió dejar caer la lluvia en el momento en que el joven iba camino de su casa. Los pensamientos que ocupaban su mente fueron de pronto interrumpidos por una pregunta que surgió de la radio del coche. Era una pregunta sencilla, que el joven jamás se había hecho de un modo consciente, y la repuesta le preocupó.

La pregunta formaba parte de una encuesta realizada a nivel nacional, cuyos resultados mostraron que sólo una persona de cada 50 se considera a sí misma feliz o satisfecha y que ni siquiera una de cada diez personas es capaz de recordar un momento –tan solo un momento– de sus vidas en el que fuera totalmente feliz. La pregunta que el locutor hizo a sus oyentes era sencilla y directa: "¿Es usted feliz?"

Esta pregunta hizo que el joven se pusiera de pronto a reflexionar sobre su vida. No tenía carencia alguna: su salud era normal, tenía un buen trabajo y de algún modo lograba siempre pagar sus cuentas e incluso guardar algo de dinero para pequeños lujos. Tenía un buen grupo de amigos

9

y una familia envidiable. Pero a pesar de todo ello, internamente se sentía vacío, como desilusionado con la vida. Algo le faltaba. No sabía qué. Todo lo que sabía es que en su vida faltaba algo. Había muchas palabras que hubieran podido servir para describir su vida, pero definitivamente "feliz" no era una de ellas.

Fue Thoreau quien dijo, "La mayoría de la gente vive sus vidas en una tranquila desesperación," y el joven pensó que esa sí era una descripción justa de su existencia. Cada día, desde el principio al final, era una lucha; y un día detrás de otro, con las mismas frustraciones y el mismo estress. No pudo evitar pensar que su vida había entrado en un círculo vicioso de monotonía. ¿Dónde habían ido a parar todas las esperanzas y los sueños de la adolescencia? ¿Dónde estaba la pasión y la alegría que conoció siendo niño? ¿Cuándo empezó a convertirse todo en una aburrida lucha?

Había leído en algún lugar que ciertas filosofías religiosas enseñan que la vida es una lucha continua, pero él no podía aceptarlo. "Estoy seguro," se dijo a sí mismo, "que en la vida debe haber algo más que todo esto." De pronto se sintió confundido, perdido, como atrapado en un gigantesco laberinto, sin saber cómo había llegado hasta él ni cómo podría salir.

En aquél punto algo interrumpió otra vez sus pensamientos, pero ahora fue un humo blanco que salía de la parte delantera del coche.

"¡Maldita sea! Cuando no es una cosa, es otra," murmuró para sí mientras intentaba llevar el vehículo hacia el borde de la autopista. Salió y al levantar el capó un fuerte chorro de vapor caliente casi lo derriba.

Alzando su chaqueta para cubrirse con ella la cabeza a fin de protegerse de la lluvia y el viento se dispuso a caminar el kilómetro y medio que lo separaba del teléfono más cercano, para pedir ayuda. La telefonista le dijo que el mecánico de servicio llegaría dentro de una hora. Lo único que podía hacer era volver al coche y esperar.

Pero una pregunta se había quedado atorada en su mente: "¿Para qué todo esto? ¿Para qué?"

Por supuesto no obtuvo respuesta alguna. Ni él la esperaba tampoco. Lo único que llegó a sus oídos fue el zumbido de los coches que pasaban veloces por la autopista.

Cansado, con frío y mal humor, caminó de vuelta hacia el coche. En absoluto era consciente de que este suceso sería el comienzo de uno de los cambios más profundos que iba a experimentar en su vida. Si hubiera podido saber lo que le esperaba, sin duda alguna –años después lo confesaba abiertamente– habría sonreído, sintiendo la presencia de la Abundante Felicidad.

# EL ENCUENTRO

Ya llegando al coche vio que había alguien recostado contra él. Era un anciano chino de curioso aspecto, con una gabardina blanca y una gorra de beisbol de color amarillo brillante. De baja estatura y rasgos amables, su cabello, largo y blanco flotaba al viento. Pero lo que más llamó la atención del joven fueron sus ojos. Eran castaños, profundos y sonrientes.

Al acercarse vio que el hombre le sonreía.

– Preciosa tormenta, ¿verdad?

– Si me lo pregunta le diré que para mí es bastante desagradable –respondió malhumorado el joven.

Pero el chino pareció no darse cuenta de su gesto hosco.

– ¿Sientes la energía? ¿No hueles la frescura del aire? ¿No te hace sentir bien?

El joven pensó para sus adentros que no, pero guardó silencio. En lugar de responderle, se dedicó a observarlo más detenidamente. Apenas hacía un minuto que había cesado la tormenta. Al llegar él de vuelta al coche todavía goteaba, sin embargo el anciano estaba totalmente seco. No le había caído ni una sola gota de lluvia. Pero antes de que el joven tuviera tiempo de hacerle algún comentario, el anciano le habló.

– ¿Entonces, qué te ha pasado?

– Me dijeron que el mecánico tardaría al menos una hora en venir –respondió el joven.

– ¡La vida te da sorpresas! –dijo el viejo con una amplia sonrisa– ¿Cual es el problema?

– No estoy seguro –explicó el joven–, venía conduciendo tranquilamente cuando comenzó a salir humo del capó y de pronto el motor dejó de funcionar.

– Vamos a ver –dijo el viejo mientras se subía las mangas y comenzaba a examinar el motor.

Tras unos minutos, levantó la cabeza y mirando al joven le sonrío.

– No hace falta que te preocupes tanto, no es nada imposible de arreglar.

– ¡Gracias a Dios! –dijo el joven con un suspiro de alivio.

– Te va a costar unos miles de libras... ¡pero se puede arreglar!

– ¡Oh no! ¿Está usted bromeando, verdad?

El anciano le palmeó el hombro y soltó una carcajada:

– Por supuesto que sí.

Se giró para tomar una llave pero al encontrarse con la mirada del joven fija en él se detuvo un instante, luego volvió a inclinarse sobre el motor.

– Podía no haber ocurrido nunca, ¿sabes?

– ¿Qué? –preguntó el joven.

– Eso que te preocupa.

– Nada me preocupa –cortó el joven.

– Bueno... ya veo. Entonces maravilloso –dijo el viejo y tomando un destornillador comenzó a silbar una alegre tonada mientras continuaba trabajando en el coche.

– Parece que ha tenido usted un buen día –le dijo el joven.

– ¡Por supuesto! Cuando se llega a mi edad, cada día que uno sigue sobre la tierra es un buen día –se volvió para mirar al joven– y si me lo permites te diré que la vida es demasiado corta para malgastarla preocupándose. ¿Sabes que la media de vida son 76 años? Es decir, ¡solamente 3.952 semanas! Y de ellas 1.317 las pasamos durmiendo, con lo cual tenemos de vida tan sólo 2.635 semanas, o lo que es lo mismo, 63.240 horas. ¿Qué edad tienes?

– Treinta y tres años.

– Eso significa que, si tienes la suerte de llegar a los 76 años, ¡te quedan tan sólo 1.114 semanas de vida!

– Muchas gracias, es un pensamiento muy reconfortante –dijo sarcásticamente el joven.

– Simplemente te demuestra que tu vida es preciosa, demasiado preciosa para malgastarla siendo infeliz. La vida se hizo para vivirla. Cada día debe ser una alegría, no una lucha. Como si estuvieras en mitad de un campo en un día de verano, no luchando siempre contra una interminable tormenta.

Un escalofrío recorrió la columna vertebral del joven y los cabellos del cuello se le erizaron. ¿Cómo podía saber aquel anciano lo que él sentía? Trató de tranquilizarse, diciéndose que todo era una coincidencia. ¿Sería posible que el anciano pudiera leer sus pensamientos?

– Siempre me sorprendo de ver la enorme cantidad de gente que elige ser infeliz –dijo el viejo mientras volvía a inclinarse sobre el motor. El joven se apoyó sobre uno de los laterales.

–¿Qué quiere decir con eso? –preguntó. Nadie *elige* ser infeliz. Todo depende de las circunstancias. Las cosas que le ocurren a uno es lo que le hace ser feliz o infeliz.

– Tal vez tengas razón. Pero si la felicidad dependiera sólo de las circunstancias, ¿cómo es que otra persona puede experimentar exactamente las mismas tragedias que uno y reaccionar de un modo totalmente distinto? Una vez conocí a dos hombres que resultaron ambos muy mal heridos en el mismo accidente. Desde entonces uno de ellos vivió ya siempre sumido en la depresión, mientras que el otro estaba contento y feliz.

– ¿Cómo fue que reaccionaron de un modo tan dispar? –preguntó el joven.

– El depresivo estaba siempre amargado, preguntándose por qué le había tenido que ocurrir aquello precisamente a él, mientras que el otro daba gracias a Dios por seguir todavía con vida. Como dice el poema: "Dos hombres miran tras las rejas, uno sólo ve barro, el otro ve estrellas." Yo no creo que las circunstancias, cualesquiera que éstas sean, tengan poder alguno para hacerte feliz o infeliz –siguió el anciano. Tu opinión y sólo tu opinión sobre dichas circunstancias, es la que condiciona tu estado de ánimo. ¿Quién es más feliz, el que ve su botella medio vacía o el que la ve medio llena? ¿Me puedes pasar aquella llave? –dijo sacando una mano a su espalda para recibirla.

– Aquí está –dijo el joven–, pero siempre hay algo que nos puede hacer felices. ¿O no?

El anciano dejó la llave y se dio la vuelta, apoyando su espalda contra el coche para mirar de frente al joven.

– ¿Qué te haría a ti feliz? –le preguntó.

– No estoy muy seguro. Supongo que para empezar no estaría mal tener más dinero –dijo después de pensarlo un momento.

– ¿Realmente crees que el dinero da la felicidad? –le preguntó mientras tomaba otra llave de su caja de herramientas.

– No estoy seguro, pero al menos le permite a uno ser infeliz con cierta comodidad –contestó sonriendo el joven.

– Buena respuesta –sonrío a su vez el viejo– pero la desgracia cómoda sigue siendo desgracia. Podrás estar en un ambiente más confortable, pero te sentirás exactamente como si no tuvieras nada. Si el dinero diera la felicidad los millonarios serían las personas más felices del mundo, sin embargo todos sabemos que los ricos sufren la infelicidad y la depresión igual que los pobres. El dinero sólo puede comprar posesiones materiales, como este coche, pero eso no son más que distracciones temporales, que no te pueden dar ninguna felicidad duradera.

El joven miró a lo lejos, pensando en las palabras del anciano, mientras este tomaba otra herramienta y volvía a reparar el coche.

– ¿Y un trabajo diferente? –preguntó el joven. Creo que sería mucho más feliz si tuviera un trabajo distinto.

– ¡Ahora has hablado como el de las lápidas! –dijo el anciano con una carcajada.

– ¿Quién es ése?

– En mi país, hay un cuento sobre un hombre que cortaba y tallaba rocas para hacer lápidas. Se sentía infeliz con su trabajo y pensaba que le gustaría ser otra persona y tener una posición social distinta.

Un día pasó por delante de la casa de un rico comerciante y vio las posesiones que éste tenía y lo respetado que era en la ciudad. El tallador de piedras sintió envidia del comerciante y pensó que le gustaría ser exactamente como él, en lugar de tener que estar todo el día trabajando la roca con el martillo y el cincel.

Para gran sorpresa suya, el deseo le fue concedido y de este modo se halló de pronto convertido en un poderoso comerciante, disponiendo de más lujos y más poder de los que nunca había podido siquiera soñar. Al mismo tiempo era también envidiado y despreciado por los pobres y tenía igualmente más enemigos de los que nunca soñó.

Entonces vio a un importante funcionario del gobierno, transportado por sus siervos y rodeado de gran cantidad de soldados. Todos se inclinaban ante él. Sin duda era el personaje más poderoso y más respetado de todo el reino. El tallador de lápidas, que ahora era comerciante, deseó ser como aquel alto funcionario, tener abundantes siervos y soldados que lo protegieran y disponer de más poder que nadie.

De nuevo le fue concedido su deseo y de pronto se convirtió en el importante funcionario, el hombre más poderoso de todo el reino, ante quien todos se inclinaban. Pero el funcionario era también la persona más temida y más odiada de todo el reino y precisamente por ello necesitaba tal cantidad de soldados para que lo protegieran. Mientras tanto el calor del sol le hacía sentirse incómodo y pesado. Entonces miró hacia arriba, viendo al sol que brillaba en pleno cielo azul y dijo: "¡Qué poderoso es el sol! ¡Cómo me gustaría ser el sol!"

Antes de haber terminado de pronunciar la frase se había ya convertido en el sol, iluminando toda la tierra. Pero pronto surgió una gran nube negra, que poco a poco fue tapando al sol e impidiendo el paso de sus rayos. "¡Que poderosa es esa nube! –pensó– ¡cómo me gustaría ser como ella!"

Rápidamente se convirtió en la nube, anulando los rayos del sol y dejando caer su lluvia sobre los pueblos y los campos. Pero luego vino un fuerte viento y comenzó a desplazar y a disipar la nube. "Me gustaría ser tan poderoso como el viento," pensó, y automáticamente se convirtió en el viento.

Pero aunque el viento podía arrancar árboles de raíz y destruir pueblos enteros, nada podía contra una gran roca que había allí cerca. La roca se levantaba imponente, resistiendo inmóvil y tranquila a la fuerza del viento. "¡Qué potente es esa roca!" –pensó– "¡cómo me gustaría ser tan poderoso como ella!"

Entonces se convirtió en la roca, que resistía inamovible al viento más huracanado. Finalmente era feliz, pues disponía de la fuerza más poderosa existente sobre la tierra. Pero de pronto oyó un ruido. Clic, Clic, Clic. Un martillo golpeaba a un cincel, y éste arrancaba un trozo de roca tras otro. "¿Quién podría ser más poderoso que yo?", pensó, y mirando hacia abajo la poderosa roca vio... al hombre que hacía lápidas.

– Muchas personas consumen su vida entera buscando la felicidad sin encontrarla nunca, simplemente porque no miran en el lugar adecuado. Nunca podrás ver una puesta de sol si estás mirando hacia el Este y nunca encontrarás la felicidad si la buscas entre las cosas que te rodean. El cuento del tallador de lápidas te enseña que la felicidad no depende de lo que cambies en tu vida... salvo que te cambies a ti mismo.

– Sigo sin entender –dijo el joven–, ¿y las tragedias y las desilusiones personales? ¿Cómo puede uno seguir siendo feliz en tales circunstancias?

– Cada uno de nosotros es como un barco –siguió diciendo el anciano– que navega por el mar de la vida. Los vientos y las tempestades –los desastres naturales y las tragedias personales– vienen y van, pero mientras tú controles tu timón y tus velas, podrás ir donde te plazca, independientemente de las tormentas y de los vientos. De hecho, las tormentas y la lluvia pueden enriquecer la vida, todo depende de cómo las vea uno.

– No estoy de acuerdo –dijo el joven.

– Las tormentas limpian el aire y traen la lluvia, y ¿qué

sería de la vida sin lluvia? Sin ella no habría crecimiento, ni riqueza, ni arco iris. Las tormentas traen vientos y si sabes manejar bien tu barco, siempre podrás utilizar la fuerza del viento de forma ventajosa.

– Sí, veo que se ajusta muy bien a su analogía, pero no estoy de acuerdo. ¿Cómo puede una adversidad convertirse en ventaja? –le interrumpió el joven.

– ¿Has oído alguna vez la frase de que toda nube tiene un borde plateado?

– Por supuesto, pero no es más que una frase. Para mí una tragedia nunca podrá ser algo positivo.

– Tal vez porque nunca le has buscado ese lado positivo. No hay ningún problema que no traiga consigo un regalo. Todo cuanto ocurre tiene una finalidad, un motivo y una lección que puede enriquecer nuestra vida. Muchos se arrastran por la vida, esclavos de las circunstancias y a merced de las tormentas y de los vientos, simplemente porque no se han dado cuenta de que disponen de un timón y de unas velas, y por supuesto no saben cómo manejarlos. Han olvidado cómo se maneja el barco y echan la culpa al tiempo. No se dan cuenta de que, cualesquiera que sean sus circunstancias, pueden elegir ser felices.

– Pero es imposible escoger *todos* los sentimientos –insistió el joven.

– Cualquier cosa que creas sinceramente, será verdad para ti –le dijo el anciano– ¡por ello es tan importante que escojas bien lo que quieres creer!

– ¡Por favor! –argumentó el joven–, no pretenderá usted decirme que cualquiera puede ser feliz, sin importar cuales sean sus circunstancias... ¿Y las personas que están inválidas, ciegas, sordas o mudas? ¿Cómo puede alguien ser feliz en tales condiciones?

– Es evidente que nunca has conocido de cerca a un inválido –le dijo el viejo. Sé que te parecerá raro que alguien que tiene menos ventajas que tú en esta vida sea feliz, mientras tú no lo eres, sin embargo esa es la verdad. ¿Sabes lo que respondió Helen Keller –que fue ciega, sorda y muda hasta su muerte– cuando le preguntaron cómo había sido su vida con semejantes dificultades físicas?

El joven sacudió la cabeza.

– Pues dijo lo siguiente: "¡Mi vida ha sido tan bella!" Y el gran escritor Milton, que era ciego decía que "la desgracia no es ser ciego, sino no ser capaz de aceptar la ceguera." Y del mismo modo, la riqueza, la salud, la fama y el poder en absoluto garantizan la felicidad. Cuando a Napoleón, emperador de Francia y uno de los hombres más poderosos del mundo en su tiempo, le preguntaron si su vida había sido feliz, respondió: "En total no he tenido más de seis días de felicidad."

El joven estaba perplejo. ¿Qué explicación podía tener aquello? ¿Cómo alguien con tan serias dificultades físicas podía ser tan feliz y otro con tanto poder y riqueza, tan desgraciado?

El anciano terminó de apretar algo en el motor del coche y luego se volvió para decirle al joven:

– La felicidad es uno de los grandes dones de esta vida y está al alcance de todos. Pero ¿sabes?, la felicidad no se encuentra, ¡se crea! Cualesquiera que sean tus circunstancias, tienes en ti mismo el poder y la capacidad de crear tu propia felicidad.

– ¿Cómo es posible crear felicidad? –preguntó el joven.

– El universo está gobernado por ciertas leyes. Leyes exactas y precisas que controlan el orden natural de las cosas. Desde el movimiento de las mareas hasta la salida y la puesta del sol o las estaciones del año. Todo en la Naturaleza está gobernado por leyes. Los científicos han descubierto muchas de esas leyes, como la ley de la gravedad, la ley del movimiento o la ley del magnetismo. Pero hay otras que no son tan conocidas, y entre ellas están las leyes de la felicidad.

– ¿Las leyes de la felicidad? –preguntó perplejo el joven–, ¿qué leyes son esas?

– Son 10 principios que han operado desde siempre y cualquiera que los siga no puede dejar de crear felicidad. Algunas civilizaciones pasadas, en su búsqueda de la felicidad comenzaron a desechar estas leyes y con el tiempo llegaron a olvidarse totalmente, aunque siempre ha habido un grupo que ha permanecido fiel a ellas. Así es como se convirtieron en "secretos."

– ¿Dónde puedo hallar más información sobre esas leyes? –preguntó el joven.

– Un momento... esto ya casi está. ¡Listo! ¡Como nuevo! –dijo el anciano mientras se limpiaba las manos en un trapo. Muy pronto sabrás sobre ellas, toma esto –y le dio un trozo de papel.

El joven miró el papel. No contenía secreto alguno, ni leyes, ni aforismos. Simplemente era una lista de diez nombres y diez números de teléfono. Le dio la vuelta esperando hallar algo más, pero el otro lado estaba totalmente en blanco.

–¿Qué es esto? ¿Dónde están los secretos?

Cuando levantó la vista del papel el anciano ya no estaba allí. El joven lo llamó a gritos mientras caminaba alrededor del coche. ¿Dónde se ha metido? ¡Esto es sólo una lista de nombres! Miró a un lado y a otro de la carretera, pero el chino había desaparecido.

En aquel momento vio que una camioneta le hacía señales con las luces, viniendo seguidamente a estacionarse detrás de su coche. El joven fue corriendo hacia la puerta del conductor.

– ¿Cómo ha hecho usted para...?, –antes de terminar la frase se detuvo, viendo que el conductor del vehículo no era el anciano.

– ¿Cuál es el problema? –preguntó el mecánico mientras bajaba.

– ¡Espere un momento! ¿Dónde está el anciano?

– ¿Qué anciano? ¿De qué está usted hablando? ¿No ha llamado usted pidiendo un mecánico?

– ¡Sí, pero el anciano chino ya me arregló la avería!

– ¿Qué anciano chino? Espere, déjeme llamar a la central para ver qué ha pasado. No sería la primera vez que dan el mismo aviso a dos mecánicos distintos.

El hombre volvió a su coche y habló por radio con las oficinas de la autopista. Volvió a los pocos minutos.

– No. Según consta en el ordenador sólo me han dado este aviso de avería a mí. Al parecer soy el único mecánico que hoy está de servicio en esta zona. De todas formas, ya que estoy aquí, voy a revisar el coche. Gire la llave de contacto, por favor.

El motor arrancó inmediatamente y su sonido era suave y uniforme. El mecánico, tras observarlo un momento, le hizo una señal con la mano para que lo desconectara.

– Parece que todo está bien. Yo no veo ningún problema.

Diez minutos más tarde el mecánico se había marchado pero el joven permanecía sentado en su coche, haciéndose todo tipo de preguntas sobre el anciano chino. ¿Quién era? ¿Cómo había llegado hasta allí? ¿Cómo se fue? ¿Cuales eran los diez secretos de la felicidad de los que le había hablado con tanta vehemencia?

Un rato después puso de nuevo el coche en marcha y continuó hacia su casa. Sus preguntas quedaron todas sin respuesta. Todo lo que tenía era un trozo de papel con diez nombres y diez números de teléfono.

## EL PODER DE LA ACTITUD

En cuanto llegó a su casa comenzó a telefonear a las personas de la lista. Habló con seis de ellas. A las cuatro restantes no las pudo localizar pero les dejó mensajes para que lo llamaran. Curiosamente todos ellos se mostraron muy animados cuando el joven les mencionó al anciano chino. Concertó citas para irlos viendo en el transcurso de las semanas siguientes.

La primera persona de la lista era un hombre llamado Barry Kesterman. El Sr. Kesterman era maestro de la escuela local. Terminaba sus clases a las 5 de la tarde y se mostró encantado de ver al joven a dicha hora del día siguiente.

Aparentaba como mucho unos cuarenta años y parecía estar corrigiendo exámenes, cuando el joven llamó a su puerta.

– ¡Pase, pase! –le dijo cálidamente el Sr. Kesterman, mientras se levantaba para estrecharle la mano. Es un placer conocerlo. Tome asiento.

– ¡Entonces se encontró usted ayer con el anciano chino!

– Sí. El me arregló el coche.

– ¡Siempre aparece en las situaciones más inesperadas! ¿Le habló de los Secretos de la Abundante Felicidad?

– Sí. ¿Los conoce usted?

– ¡Por supuesto!

– ¿Y funcionan de verdad? –preguntó el joven.

– ¡Totalmente! Hace quince años me hallaba yo en uno de los puntos más bajos de mi vida. Me había quedado sin trabajo. Vivía en un pequeño cuarto a más de 500 kilómetros de mi ciudad natal. No tenía amigos y me sentía totalmente deprimido, como envuelto por una densa nube negra, incapaz de ver nada por lo que valiera la pena seguir viviendo.

Un día fui al parque y me senté en un banco frente al lago, mientras los problemas daban vueltas sin cesar dentro de mi cabeza. A los pocos minutos miré a la izquierda y vi que no estaba solo, un anciano chino se había sentado a mi lado.

El joven apenas podía creer lo que estaba oyendo. Sintió un cosquilleo en su espalda.

– ¿Le importa si tomo notas?

– ¡No, en absoluto! –respondió el Sr. Kesterman, siguiendo con su relato. Tal vez era muy evidente que algo me preocupaba, pero desde el principio tuve la impresión de que el anciano conocía exactamente mis problemas, como si fuera capaz de ver en mi interior. Hablamos durante un rato. Me dijo que iba a ver a un amigo suyo que estaba deprimido. "Mi amigo simplemente ha olvidado la regla de oro de la Abundante Felicidad," me dijo. Yo nunca había oído hablar de ninguna regla de oro de la felicidad, ya fuera ésta abundante o escasa. "Es muy sencillo," me dijo, "uno es todo lo feliz que previamente él mismo se ha propuesto serlo."

En aquel momento no lo entendí, pero más tarde me di cuenta que es totalmente cierto y hoy le puedo decir que esa sencilla frase fue una de las lecciones más importantes que he aprendido en mi vida. Además contiene en sí misma el primer secreto de la Abundante Felicidad... el poder de tu propia actitud.

El joven escuchaba atento. El Sr. Kesterman continuó:

– Déjeme explicárselo. Como la mayoría de la gente, yo siempre había creído que las cosas eran lo que me *hacìa* feliz, sin embargo la verdad es que somos nosotros quienes elegimos ser felices. Recuerdo que una vez vi trabajar sobre el escenario a un hipnotizador. Dio una cebolla a los espectadores que previamente había hipnotizado, diciéndoles que era la fruta más deliciosa que jamás habían probado. Todos comieron la cebolla con fruición, saboreando con deleite cada mordisco. Después les dio un melocotón maduro diciéndoles que era un rábano amargo. Al morder el melocotón todos hicieron un gesto de disgusto. La *actitud* adquirida en estado hipnótico fue lo que determinó sus reacciones, tanto con la cebolla como en el caso del melocotón.

El problema es que en nuestro paso por la vida vamos adquiriendo actitudes negativas y ellas son las que realmente nos hace infelices.

– ¿Qué tipo de actitudes negativas? –le interrumpió el joven.

– Bueno, por ejemplo lo que esperamos de la vida. A mí, por ejemplo, me enseñaron que tenía que esperar siempre lo peor, así nunca me sentiría desilusionado.

– Sí. Eso mismo me enseñaron a mí, y parece lógico –comentó el joven.

– Es una creencia muy común, pero es totalmente falsa y además destruye todos nuestros sueños y nos impide experimentar la felicidad.

– ¿Cómo puede ser eso? –dijo el joven. Si uno espera lo peor y ocurre, no se llevará ninguna desilusión y si no ocurre, se encontrará con una agradable sorpresa. Sin embargo si espera siempre lo mejor es seguro que tendrá que sufrir muchas decepciones.

– Ya sé que así es como parece. Pero le puedo demostrar ahora mismo que si usted espera lo peor, inevitablemente experimentará lo peor y al contrario. Mire a su alrededor, observe esta habitación, y trate de ver cuántos objetos descubre de color marrón.

El joven miró a su alrededor. Había varias cosas marrones: los marcos de los cuadros, el pie de una lámpara, el bastidor de una cortina, libros y otros objetos diversos.

– Ahora cierre los ojos –le dijo el Sr. Kesterman.

El joven cerró los ojos mientras el Sr. Kesterman siguió:

– Ahora dígame uno por uno todos los objetos que ha visto en esta habitación, que sean de color... ¡azul!

– No me he dado cuenta de que haya nada azul –dijo el joven sonriendo.

– Abra los ojos y mire a su alrededor –le dijo Kesterman.

Entonces el joven descubrió un jarrón azul, un marco de fotos azul, un dibujo azul en la alfombra, una carpeta azul sobre la mesa, muchos libros azules y hasta el propio Sr. Kesterman llevaba una camisa azul. Cuantas más cosas azules buscaba, más iba encontrado.

– ¡Fíjese todo lo que no vio antes!

– Pero fue una trampa –sonrió el joven–, lo que yo buscaba eran cosas de color marrón, ¡no azules!

– ¡Exactamente! Usted buscó cosas marrones y encontró cosas marrones, sin percibir ni tan siquiera un objeto de color azul. Eso mismo es lo que hacemos en la vida. Usted espera lo peor y encuentra lo peor, perdiéndose todas las cosas buenas. Y a eso es precisamente a lo que le llevan sus expectativas de lo peor... le impiden tomar conciencia de todas las cosas *buenas* de la vida.

Esta es una de las razones por las que muchas personas ricas y famosas –gente que tiene todo lo que usted se pueda imaginar– se las arreglan para estar todo el tiempo deprimidos, convirtiéndose así en alcohólicos y en adictos a las drogas. Centran su mente en lo que *no tienen* en lugar de disfrutar todo lo que *tienen*, por ello sólo "ven" aquello que les falta en su vida. Y así es como crean su propia desgracia.

Y del mismo modo, hay personas que teniendo una vida muy modesta son muy felices, pues enfocan su mente en lo que tienen. Por eso el que ve su vaso medio lleno es más feliz que el que lo ve medio vacío.

Al contrario de lo que la gente cree, todo lo externo –dinero, coches, propiedades, fama y fortuna–, carece de importancia. Nuestra actitud hacia la vida es lo único que determina nuestra felicidad. Por eso para ser felices no necesitamos más dinero ni una casa más grande ni un trabajo mejor, todo lo que tenemos que hacer es cambiar de actitud. Por eso Samuel Johnson escribió:

"La fuente de la satisfacción debe surgir de la mente, y quien tenga tan poco conocimiento de la naturaleza humana como para buscar la felicidad cambiando algo que no sea su propia disposición, malgastará su vida en esfuerzos inútiles, multiplicando la aflicción que intenta eliminar."

– Nunca lo había considerado de ese modo –dijo el joven–, pero parece que tiene sentido.

– Es interesante, ¿no le parece? Ahora vamos a ver lo que generalmente tiende a ocurrir cuando uno espera lo peor –dijo el Sr. Kesterman.

– ¿A qué se refiere?

– Vamos a suponer, por ejemplo, que va usted a dar una conferencia ante cientos de personas. Puede ponerse nervioso y pensar en todo lo peor que le puede ocurrir, por ejemplo, que pierda el hilo y no sepa qué decir, que se ponga a balbucear y a tartamudear y que termine haciendo el ridículo más espantoso ante toda esa gente. Si usted alimenta este tipo de pensamientos, ¿serán de alguna ayuda en la preparación o en cuanto a la motivación necesaria para dar la charla? ¿Le harán sentir más confianza este tipo de pensamientos o le pondrán más nervioso?

– Me pondrían más nervioso –admitió el joven.

– Por supuesto que sí, ¿y a quien no? Pues el mismo principio se aplica a todo cuanto hacemos en esta vida. ¿Quién saltará de la cama por la mañana con más ánimos para enfrentarse a las tareas del día, la persona que espera que durante ese día le ocurra lo peor o quien confía en tener un día fantástico? ¿Cuál de los dos disfrutará más del día?

– Ya veo lo que me quiere decir, pero ¿y cuando las cosas no suceden según nuestras expectativas? ¿Qué ocurre cuando se presentan cosas malas?

– Recuerde la regla de oro: ¡usted es quien elige cómo sentirse! En cada situación de la vida usted puede buscar lo azul o lo marrón. Siempre puede enfocar su mente en el lado bueno de la situación en lugar de centrarse tan sólo en lo que parece malo.

– ¿Y si no hay nada bueno?

– Por supuesto, algunas veces, cuando la tragedia toca nuestras vidas, las semillas de bondad contenidas en ello pueden ser difíciles de ver. Pero una forma de afrontar la tragedia es hallar algo positivo, algo que tenga cierto significado en el dolor que nos aflige. Tal ves una de las mayores tragedias que se nos pueden presentar en esta vida es tener que sufrir la pérdida de un hijo, y en muchos de estos casos, el único modo de poder vencer al dolor es *crear* algo positivo.

Por ejemplo, una joven madre californiana quedó destrozada al morir su hija de 13 años, víctima de un accidente de tráfico en el que fue atropellada por un coche cuyo conductor estaba ebrio. Cuando la madre descubrió que dicho conductor tenía un abundante historial de accidentes causados tras haber bebido y vio que las leyes existentes eran inadecuadas para proteger al público de este tipo de conductores, inició una campaña a nivel nacional para hacer algo al respecto. Fundó la agrupación "Madres Contra Conductores Ebrios," que influyó notablemente ante el Congreso y fue en gran parte responsable de que se aprobaran más de 950 leyes relacionadas con la conducción en estado de ebriedad. La campaña pronto se extendió a Inglaterra, Canadá y Nueva Zelanda y desde entonces ha salvado miles de vidas humanas. Y todo ello empezó porque una mujer decidió convertir el dolor de su pérdida en algo positivo.

No hay experiencia en esta vida que no venga con un regalo –algo que pueda beneficiar nuestras vidas y las de los demás, solo que tenemos que *elegir* buscarlo. Por ejemplo, cuando yo conocí al anciano chino me había quedado sin trabajo y todo lo que podía pensar al respecto es que era un fracasado y que nunca encontraría otro trabajo. Sin embargo tras una larga conversación con el chino comencé a entender que el hecho de haberme quedado sin trabajo podía también ser algo muy positivo.

– ¿Cómo puede ser positivo quedarse sin empleo? –preguntó el joven.

– Para empezar, era la oportunidad de comenzar en una

nueva profesión, de trabajar en algo en lo que yo realmente creyera –dijo el Sr. Kesterman– así, en lugar de sentirme deprimido por haber perdido mi empleo comencé a sentirme entusiasmado y optimista. Si de todo lo que hablemos hoy tiene usted que recordar sólo una frase, procure que sea ésta:

Lo que determina nuestros sentimientos sobre los sucesos que ocurren en nuestras vidas no son los propios sucesos, sino el significado que nosotros les demos.

Bajo este punto de vista, el hecho de haber perdido mi empleo suponía la posibilidad de empezar de nuevo, y convertía aquel momento en un punto crucial de mi vida. Si era sincero conmigo mismo, debía admitir que aquél trabajo nunca me había entusiasmado. Simplemente era una forma de ganarme el sustento. Pero ahora tenía la posibilidad de pensar en lo que realmente me gustaría hacer con mi vida. Deseé que mi trabajo tuviera un impacto positivo sobre los demás y que fuera una contribución a la comunidad. Entonces decidí que lo que realmente quería es ser maestro, por lo que poco tiempo después estaba estudiando de nuevo.

Le voy a dar otro ejemplo –dijo el Sr. Kesterman–, imagínese que rompe con su novia. Usted puede decidir pensar que ello significa que no es usted atractivo, que nadie lo puede querer y que jamás encontrará otra novia. Puede pensar que incluso si encuentra otra, no será capaz de mantenerla durante mucho tiempo. Y por el contrario, puede reconsiderar la situación y decidir que el rompimiento con su novia es una oportunidad para poder encontrar a otra mucho mejor, a otra más adecuada para usted. ¿Ya ve? todo depende de la actitud que usted asuma.

La mayoría de las experiencias de esta vida se pueden considerar de modo que tengan un significado positivo. En algunos lugares del mundo, incluso la muerte es un motivo de alegría y de celebración, pues se cree que al morir la persona, su alma vuelve a su verdadero hogar y que todos nos encontraremos con nuestros seres queridos en otro lugar y en otro tiempo.

– Pero no siempre es fácil ver el lado positivo de una situación concreta –insistió el joven.

– ¡No si usted no lo busca! Cuando usted no ve ningún aspecto positivo, generalmente ello significa que no lo ha buscado. También podemos ayudarnos a crear actitudes positivas haciéndonos a nosotros mismos preguntas positivas. En lugar de preguntar: "¿Por qué me tiene que pasar esto a mí?", puede uno preguntarse: "¿Qué puedo aprender o cómo puedo beneficiarme con esta experiencia?"

– No estoy seguro de haberlo entendido bien –dijo el joven.

– Durante todo el día nos estamos haciendo preguntas –explicó el Sr. Kesterman– sobre las cosas que vemos, sobre lo que oímos, sobre los olores que percibimos, sobre las cosas que tenemos que hacer, que hemos hecho o que estamos haciendo. Desde que usted se levanta por la mañana hasta que se acuesta por la noche su subconsciente está todo el tiempo haciendo preguntas. De hecho, el proceso del pensamiento no es otra cosa más que una serie de preguntas. Las preguntas generan respuestas y las respuestas producen sentimientos. En consecuencia, si usted se siente infeliz o deprimido, generalmente ello significa que se está haciendo las preguntas equivocadas. Se está usted preguntando qué es lo que no funciona en su vida en lugar de qué es lo que funciona.

La mayoría de la gente cuando deben enfrentarse a una situación difícil se hacen preguntas como: "¿Por qué me ha pasado esto a mí?" o "¿Qué voy a hacer ahora?" Este tipo de preguntas son negativas y debilitantes y producen respuestas negativas y debilitantes que generan sentimientos de autocompasión, desesperación y depresión. Si en lugar de ellas nos hacemos preguntas reforzantes, produciremos unos sentimientos totalmente distintos.

– ¿Cuáles son las preguntas reforzantes? –preguntó el joven.

– Aquéllas que crean sentimientos de fuerza y de esperanza. Por ejemplo, cada vez que me encuentro en una situación difícil, me hago conscientemente tres preguntas muy poderosas que automáticamente cambian el modo en el que veo la situación.

La primera pregunta es: "¿Qué tiene de bueno esta situación?"

– ¿Y si no tiene nada bueno? –interrumpió el joven.

– Entonces me pregunto "¿Qué podría tener de bueno esta situación?" Ve usted, esta pregunta nos fuerza a buscar algún aspecto positivo de la situación e invariablemente encontraremos alguno, del mismo modo que usted sólo vio las cosas azules de esta habitación cuando las buscó directamente.

Este es el significado del dicho de que toda nube tiene un borde plateado y de que todo problema no es más que un regalo disfrazado. Todo puede ser reconsiderado y al hacerlo, se nos presenta la posibilidad de enriquecer nuestras vidas con cada experiencia nueva. Este es el primer secreto de la Abundante Felicidad.

El anciano me dio una lista de personas, todas ellas me enseñaron cosas sobre los secretos de la Abundante

Felicidad. Muchas de ellas habían sufrido crisis en sus vidas, pero se elevaron sobre sus problemas porque habían aprendido cómo reconsiderar cada situación con un significado positivo.

La segunda pregunta es: "¿Qué es lo que todavía no es perfecto?" Esta pregunta presupone que las cosas serán perfectas y crea unos sentimientos totalmente diferentes a si preguntamos: "¿Qué es lo que está mal?"

La tercera pregunta es: "¿Qué puedo hacer para que las cosas sean como yo quiero que sean, divirtiéndome mientras lo hago?" Esta pregunta nos ayuda a encontrar aquello que está a nuestro alcance para remediar la situación y al mismo tiempo hace que disfrutemos todo el proceso.

Déjeme darle algunos ejemplos de cómo funcionan estas preguntas. Si al averiarse ayer su coche usted se hubiera preguntado, "¿Qué tiene de bueno esta situación?", habría llegado a esta respuesta: "Ha sido una gran suerte que no haya provocado ningún accidente" o "¡Qué suerte que en esta autopista hay un servicio de averías!" o "¡Qué suerte que no se me averió el coche en una carretera rural, a muchos kilómetros del pueblo más cercano!"

Luego la siguiente pregunta: "¿Qué es lo que todavía no está perfecto?" En este caso la respuesta es evidente: "El coche." Luego la tercera: "¿Qué puedo hacer para remediar la situación pasándolo bien mientras tanto? Tras llamar al servicio de ayuda y mientras llega el mecánico podría utilizar el tiempo en alguna actividad placentera como leer el periódico o un libro o escuchar ese programa de radio que nunca tiene oportunidad de oír. Podría utilizar el tiempo de un modo creativo, planeando sus próximas vacaciones, escribiendo una carta o comenzando a escribir ese libro que siempre quiso escribir (siempre que tuviera papel y lápiz, claro) o simplemente podría recostarse y echar un sueño hasta que llegara el mecánico.

Otro ejemplo: imagínese que está usted deprimido por estar excedido de peso. ¿Qué es lo bueno? Lo bueno es que finalmente ha llegado usted a un punto en el que no se siente a gusto con su peso y por fin decide cambiar. Es muy bueno que haya sido usted consciente de la necesidad de un cambio, pues el exceso de peso aumenta los riesgos de sufrir un infarto. ¿Qué hay que todavía no es perfecto? Su peso y su aspecto. ¿Qué quiere usted hacer para remediar la situación? Aprender qué es lo que causa la obesidad, cambiar sus hábitos alimenticios e iniciar un programa de ejercicios. ¿Cómo puede usted disfrutar mientras adelgaza? Suscribiéndose a un club de adelgazamiento, donde conocerá a otras personas con el mismo problema o encontrando un deporte o un tipo de ejercicios que le gusten o tal vez incluso bailando, pues el baile es una excelente forma de ejercicio. Descubrirá alimentos sanos y agradables al paladar y disfrutará aprendiendo a cocinar comidas sanas y con poca grasa.

– ¡Es increíble! –dijo el joven. De este modo cualquiera puede conscientemente cambiar sus actitudes esperando lo mejor, centrándose en lo que tiene su vida de bueno y haciéndose las preguntas adecuadas.

– ¡Exactamente! –dijo el Sr. Kesterman– pero lo esencial para crear una actitud sana y feliz ante la vida puede resumirse en una sola palabra: ¡gratitud! Uno de los mayores secretos de la Abundante Felicidad es simplemente cultivar una actitud de gratitud.

– ¿Y cómo se hace eso?

– Busque cosas por las que deba estar agradecido –respondió el Sr. Kesterman. Cada día pregúntese a sí mismo:

"¿Qué hay por lo que yo deba estar agradecido?"

– ¿Y si no hay nada por lo que estar agradecido? –insistió el joven.

El Sr. Kesterman lo miró levantando las cejas.

– Hace algunos años visité a un amigo que estaba a punto de morir. Los médicos le habían dado menos de un año de vida. Esperaba encontrarlo muy deprimido pero en lugar de ello lo hallé no sólo contento, sino jubiloso.

– ¿Cómo es posible que alguien que le queda menos de un año de vida estuviera tan contento? –preguntó el joven.

– Eso mismo le pregunté yo: "¿Por qué tan feliz, Jim?" Y él me respondió: "Porque me he despertado esta mañana y ¡todavía estaba vivo!" Me pareció una respuesta extraordinaria. Si alguien que está a punto de morir encuentra motivos por los que estar agradecido, ¿cuántos más no tendremos todos nosotros?

No importa lo malas que parezcan las circunstancias –continuó el Sr. Kesterman– siempre hay algo, y generalmente son muchas cosas, por las que deberíamos estar agradecidos.

La diferencia entre una persona que vive una vida mágica y otra que vive una vida mundana no está en sus circunstancias, sino en sus actitudes. La actitud es el pincel con el que la mente colorea nuestra vida. Y somos nosotros quienes elegimos los colores.

De vuelta a casa, el joven reflexionaba sobre todo lo que había oído. Empezaba a darse cuenta de que tenía mucho que aprender sobre sí mismo y sobre su propia vida, pero lo más importante es que estaba empezando a comprender por qué durante tanto tiempo se había sentido tan infeliz.

Por la noche, el joven repasó las breves notas que había tomado en su entrevista con el Sr. Kesterman.

*El primer secreto de la Abundante Felicidad es el poder de la actitud.*

La base de mi felicidad comienza con mi actitud ante la vida.

Soy todo lo feliz que he deseado ser. Desde ahora en adelante desearé ser feliz.

Si espero lo mejor, con mucha frecuencia ¡lo obtendré!

La felicidad es una elección que puedo hacer en cualquier momento y en cualquier lugar.

Toda experiencia puede ser considerada de forma que tenga un significado positivo. Desde ahora, voy a buscar algo positivo en todo y en todos.

En cualquier situación estresante tengo que hacerme estas tres preguntas:

¿Qué hay de bueno? o ¿Qué podría haber de bueno?

¿Qué es lo que todavía no es perfecto?

¿Qué puedo hacer para remediar la situación, pasándolo bien mientras tanto?

La gratitud es la semilla de la Abundante Felicidad. A partir de ahora encontraré cosas por las que sentirme agradecido.

Mis pensamientos son los que me hacen sentirme feliz o desgraciado, no mis circunstancias. Controlo mis pensamientos, por lo tanto, controlo mi felicidad.

## EL PODER DEL CUERPO

La segunda persona de la lista era un hombre llamado Rodney Greenway. El Sr. Greenway resultó ser un conocido instructor de gimnasia. No sólo era el dueño de uno de los más importantes gimnasios de la ciudad, sino que también había escrito varios libros sobre la salud y el ejercicio físico, algunos de los cuales se habían convertido en best-sellers internacionales.

El joven llegó puntual a la hora acordada, eran las 8 de la mañana. Fue recibido por un hombre alto y musculoso, vestido de modo casual, con un pantalón vaquero y una camisa blanca. Ligeramente bronceado, tenía el cabello castaño y corto y los ojos verdes, que parecían brillar cuando sonreía.

El Sr. Greenway llevó al joven a su despacho y ambos se sentaron en sendas hamacas.

– ¿Quiere usted tomar o comer algo? –le preguntó. Tenemos zumos de frutas, agua mineral, tés...

– Un zumo de fruta, muchas gracias.

El Sr. Greenway llenó dos vasos de zumo de manzana fresco y le tendió uno al joven.

– ¿En qué puedo ayudarle? –preguntó.

– No estoy muy seguro –respondió el joven, y seguidamente le contó toda la historia.

– ¡Los secretos de la Abundante Felicidad! –exclamó Greenway. Los conocí hace ya diez años, cuando todavía trabajaba como abogado.

– ¿Abogado? –repitió el joven. ¿Dejó su carrera de abogado para convertirse en instructor de gimnasia?

– Sí, por supuesto.

– ¿Por qué? ¿Por qué abandonó una profesión para la que había estudiado muchos años y que podía haber sido muy lucrativa durante el resto de su vida?

– Muy sencillo –respondió el Sr. Greenway–, no era feliz. Mientras estuve estudiando, en realidad no tenía la menor idea de lo que deseaba hacer con mi vida y me pareció que estaría bien ser abogado. Pensé que si una vez terminados los estudios no me gustaba, siempre sería una buena base para cualquier otro trabajo.

– Pero no para convertirse en instructor físico.

– No, es verdad. Me hice instructor físico porque esto es realmente lo que yo quería hacer. Durante varios años me fue muy bien como abogado, pero en el fondo aquello no me gustaba. Con el tiempo comencé a sentirme cada vez más cansado y más deprimido. Llegó un momento en el que incluso tenía que hacer un gran esfuerzo para levantarme de la cama cada mañana.

– Sí. Conozco bien esa sensación –dijo el joven.

– Un día me quedé trabajando hasta muy tarde en la oficina. Llegó el vigilante y se dio cuenta de que algo iba mal. Tenía la cabeza apoyada sobre mis manos mientras me frotaba los ojos. Entonces me preguntó si no me gustaría sentirme realmente bien. "No gracias," le dije, "no tomo drogas." "¿Quién le ha dicho que estoy hablando de drogas?", dijo. De pronto me sentí muy intrigado. No podía imaginar qué otra cosa que no fuese alguna droga me podría hacer sentir realmente bien.

El joven sacó de su bolsillo un bolígrafo y un cuaderno y comenzó a tomar notas.

– Y, ¿sabe usted lo que me dijo el vigilante? "¡Ejercicio!"

– ¿Ejercicio? –exclamó el joven, levantando la vista de su cuaderno.

– Sí. Simple ejercicio físico.

– ¿Cómo es posible que el simple ejercicio físico le haga a uno sentirse muy bien? –preguntó el joven.

– El ejercicio no sólo es necesario para la salud física, sino también para lograr un bienestar mental y emocional a largo plazo, y hay sólidas razones para ello. Tal vez se ha dado cuenta de que a las personas que están un poco deprimidas se les suele recomendar que emprendan alguna actividad. Y el motivo de tal recomendación es que sencillamente funciona. George Bernard Shaw escribió una vez: "El secreto de la infelicidad es tener el tiempo suficiente para pensar sobre si uno es o no es feliz." Sin embargo, el hecho de levantarse y ponerse a hacer algo no sólo ayuda a apartar la mente de los problemas, también cambia nuestra percepción de los citados problemas y libera el estress creado por esos problemas.

– ¿Cómo es posible que el ejercicio varíe el modo en que uno se siente? –preguntó incrédulo el joven

– Va a ser muy difícil que hoy pueda yo decirle algo más importante que esto: ¡El movimiento afecta las emociones!

El joven lo escribió.

– Al mover el cuerpo cambiamos nuestro estado emocional. Es bien sabido que las personas que no realizan ejercicio físico sufren atrofia muscular, debilidad física y pérdida de calcio en sus huesos y que tienen más del doble de posibilidades de morir prematuramente que aquéllos que hacen ejercicio habitualmente. Pero lo que sin duda es menos conocido es que quienes no hacen ejercicio, tienden a volverse introvertidos, tensos e hipersensibles y también a sufrir de depresión, ansiedad y fatiga mental.

– ¿Por qué ocurre todo eso? –preguntó el joven.

– Los científicos han descubierto que existe una explicación para este fenómeno. Hoy se sabe que el ejercicio hace que el cerebro libere ciertas substancias químicas y ciertas hormonas –endorfinas y encefalinas. Se trata de estimulantes naturales que nos hacen sentir bien.

– ¿Quiere usted decir que uno se siente más feliz si hace ejercicio habitualmente?

– ¡Por supuesto! respondió el Sr. Greenway.

– ¿Qué tipo de ejercicio?

– Ejercicio aeróbico. Pero antes de que me lo pregunte le diré que no es en absoluto necesario que siga usted los programas de Jane Fonda –dijo sonriendo el Sr. Greenway. La palabra "aeróbico" significa literalmente "con oxígeno" y por lo tanto incluye todo tipo de actividad o deporte en el cual se respira al hacer el ejercicio, como nadar, andar en bicicleta, caminar, correr o incluso bailar. Los ejercicios no–aeróbicos, por otro lado, son aquellos en los que hay que mantener la respiración, como por ejemplo el levantamiento de pesas, y su repercusión sobre las emociones y sobre la salud no es tan favorable.

– ¿Por qué?

– Porque al hacer ejercicios no aeróbicos en lugar de quemar oxígeno, el cuerpo quema glucógeno, que es el alimento del cerebro.

– ¿Qué cantidad de ejercicio es necesario para poder sentir sus efectos benéficos? –preguntó el joven.

– Unos 30 minutos cada día. Eso es todo.

– No parece demasiado difícil –dijo el joven.

– ¡Claro que no! –corroboró el Sr. Greenway–, aunque como todo cambio en el estilo de vida, en un principio requerirá determinación y voluntad hasta que se convierta en un hábito.

– ¿Me está usted diciendo que el ejercicio físico nos hace sentirnos más felices?

– Sí. Yo también tenía mis dudas, –dijo el Sr. Greenway viendo que el joven no parecía muy convencido. Aquella noche el vigilante y yo tuvimos una larga charla. El mencionó los 10 secretos de la Abundante Felicidad y hoy debo decir que esos secretos cambiaron radicalmente mi vida. Pero el secreto que yo más necesitaba aprender y sobre el que en la actualidad estoy más calificado para ayudarle es... el poder de su cuerpo.

– Al decir "cuerpo" se refiere usted al ejercicio físico, ¿no?

– No. Existen varios aspectos relacionados con el modo en que usamos nuestro cuerpo que influyen de un modo inmediato sobre las emociones y el ejercicio físico es tan sólo uno de ellos.

El joven, fascinado por lo que oía siguió tomando notas, mientras el Sr. Greenway continuó.

– Lo primero de todo es la postura, el modo en el que estamos en pie, nos sentamos y caminamos. Si nuestra postura no es la adecuada (por ejemplo si nos inclinamos hacia adelante o hacia un lado en lugar de mantenernos erectos) nuestra salud y nuestras emociones sufren las consecuencias.

– Todo esto es bastante difícil de creer. ¿Cómo es posible que el modo en que nos sentamos o estamos de pie influya en nuestras emociones? –preguntó el joven.

– Déjeme explicárselo. Imagine que fuera de esta habitación hay un hombre que se siente aletargado, cansado y deprimido. ¿Cómo cree usted que se sentará o se mantendrá en pie?

– No sabría decirle.

– ¿Cree usted que mantendrá su cabeza erecta? ¿O la tendrá más bien inclinada y mirando hacia el suelo?

– Seguramente mirará al suelo.

– ¿Estará su pecho salido o hundido?

– Supongo que hundido.

– Sus músculos faciales, ¿estarán tensos y sonrientes o flácidos y caídos?

– Creo que difícilmente tendrá ganas de sonreír –dijo el joven.

– Y su respiración, ¿será profunda o tenue?

– Tenue. Ya veo lo que me quiere decir, –concluyó el joven. Adoptamos posturas distintas según las emociones que sintamos en cada momento.

– Exacto. Pero se trata de una calle de dos direcciones. Las emociones afectan a la postura, pero la postura afecta también a las emociones. Si estamos todo el tiempo inclinados y mirando hacia el suelo, terminaremos por sentirnos deprimidos, mientras que si nos mantenemos erectos, inmediatamente nos sentiremos mejor. Parece increíble, ¿verdad? pero el hecho es que cambiando la postura del cuerpo inmediatamente cambiamos nuestro estado emocional. ¿Sabía usted, por ejemplo, que manteniéndose erecto, respirando profundamente y sonriendo, es casi imposible sentirse deprimido? Unos investigadores tomaron un grupo de personas maníaco depresivas –algunas de ellas habían estado en tratamiento durante más de 20 años– y monitorearon cómo se sentían en las distintas posturas. Los científicos se sorprendieron mucho de ver que, estando en pie de esta forma, ninguno de los pacientes se sentía deprimido ni necesitaba medicación. ¿Se imagina?

– Seguramente no me estará usted dando a entender que la solución para todos los problemas es estar más tiempo de pie, erecto, respirando profundamente y con una amplia sonrisa...

– Por supuesto que no. Pero es un buen comienzo. Ayuda a sentirnos mejor y funciona de un modo instantáneo. Es simplemente uno de los modos en los que podemos tomar el control de nuestros estados emocionales, utilizando el cuerpo.

– Uno de los secretos para ser feliz es ser consciente de nuestra postura. Con frecuencia desarrollamos malas posturas –nos sentamos inclinados sobre la mesa de trabajo o nos recostamos excesivamente para ver la televisión. Y eso nos hace sentirnos deprimidos.

– Pero es muy incómodo permanecer todo el tiempo erecto, como un soldado que va a desfilar.

– La postura correcta no es estar tieso sin moverse. De hecho esa es una postura bastante mala, pues acumula mucha tensión adicional en la espalda. Un postura sana es simplemente aquella en la que la espalda está derecha y relajada. Una de las mejores técnicas para mejorar la postura es lo que yo llamo la "técnica de la cuerda."

– ¿La técnica de la cuerda? Parece interesante –dijo el joven.

– Es muy directa y fácil de ejecutar. Todo lo que tiene que hacer es imaginar que hay una cuerda atada a la cúspide de su cabeza y que arriba hay un hombre que está todo el tiempo tirando suavemente de ella, para mantenerlo a usted erecto.

El joven trató de hacerlo e inmediatamente sintió no sólo que estaba más derecho, sino también que era más alto.

– Al hacerlo, se siente como si suavemente lo levantaran y lo enderezaran. ¿Verdad? Y a consecuencia de ello, se siente usted mejor –dijo el Sr. Greenway.

– Otra técnica muy poderosa en la que se utiliza el cuerpo para cambiar los sentimientos es lo que se conoce como "anclaje."

– ¿Anclaje?

– Sí. Es muy simple y extremadamente efectiva. Es un poco como el perro de Pavlov. Tal vez recuerde usted que cada vez que Pavlov daba de comer a su perro, tocaba una campana. El perro asoció el sonido de la campana con la comida y al poco tiempo el simple hecho de oír la campana era suficiente para hacerlo relamerse. Lo que el perro de Pavlov hizo fue asociar o anclar el sonido de la campana con la comida. Y lo mismo ocurre con los seres humanos. ¿Cómo se siente usted cuando oye el taladro del dentista? ¿Tenso? ¿Incómodo? Es exactamente lo mismo, asociamos el sonido del taladro con dolor, molestias y tensión.

Con frecuencia subconscientemente creamos anclajes que no nos llevan en absoluto hacia la felicidad. Le daré algún ejemplo. Cuando dos personas discuten continuamente, llegará un momento en que el simple hecho de verse o de oír la voz del otro será suficiente para que se sientan enojados.

– No estoy muy seguro de la relación que todo eso tiene con la felicidad –dijo el joven.

– Existen también los anclajes positivos. Seguramente ha visto usted cómo algunos deportistas cierran sus puños y gritan "¡Ya!" para animarse mutuamente. Simplemente ese gesto les hace sentirse confiados y energetizados. Inténtelo usted mismo y verá.

– No es necesario –dijo el joven ruborizándose ligeramente–, le creo.

– No me crea. Hágalo. Levántese, cierre el puño y diga "¡Ya!"

El joven se levantó, cerró su puño y dijo, "¡Ya!"

– No. No es sólo decirlo. Tiene que gritar.

Entonces el joven lo hizo de nuevo, pero está vez gritando con fuerza. Para su gran sorpresa, instantáneamente se sintió con más energía.

– ¡Es sorprendente! –dijo–, ¡realmente funciona!

– Claro que funciona. Y hay mucho más. Usted puede crear sus propias anclas para que le produzcan emociones concretas. Déjeme mostrárselo. Piense en algún momento pasado en el cual se sintiera realmente feliz.

El joven tuvo que retroceder mentalmente diez años, al momento en el que celebraba su primera oferta de trabajo.

– Piense en esa escena todo lo claramente que pueda –siguió diciéndole el Sr. Greenaway– cierre los ojos y trate de revivirla. ¿Qué decía usted? ¿Qué hacía? ¿Cómo respiraba? Trate de captarlo todo.

El joven reprodujo mentalmente la escena, luego de repente sintió que el Sr. Greenaway le tocaba el hombro derecho.

– Ahora recuérdela de nuevo –le dijo otra vez el Dr. Greenaway.

El joven visualizó de nuevo aquella experiencia pasada. El Sr. Greenaway le tocó de nuevo el hombro.

– ¿Qué está usted haciendo? –preguntó el joven.

– No se preocupe, tenemos que hacerlo unas cuantas veces más, luego le explicaré.

Así, el mismo proceso se repitió siete veces más, hasta que el joven pregunto:

– ¿Para qué es todo esto?

– Simplemente hemos creado un ancla "feliz" para usted –sonrió el Sr. Greenaway.

– No entiendo –dijo el joven.

Pero entonces el Sr. Greenaway le tocó el hombro derecho del mismo modo que antes lo hiciera y para gran sorpresa del joven, sin ningún motivo ni razón aparente, se sintió repentinamente feliz.

– He ayudado a su subconsciente para que asocie la felicidad con el hecho de ser tocado en el hombro derecho, –explicó el Sr. Greenaway. ¿Ve? ¡Así de sencillo es crear un sentimiento de felicidad utilizando un "ancla"! Todo lo que tiene que hacer es recordar un momento en el que se sintiera feliz, realmente muy feliz y luego, en el momento culminante de la emoción, tal como usted la recuerda, hacer algo inusual –pellizcarse la oreja, doblarse la nariz, o cerrar el puño con fuerza.

No importa lo que haga, con tal que sea algo concreto e inusual, algo que no hace todos los días.

– ¿Por qué tiene que ser así? –preguntó el joven.

– Volvamos al perro de Pavlov. Si estuviera todo el día oyendo la campana, no la habría asociado a la comida. Lo maravilloso es que las anclas desencadenan cualquier tipo de estado emocional, confianza, afecto, compasión, en fin, cualquier emoción.

– Parece increíble –dijo el joven. Entonces, por ejemplo, si quiero sentirme confiado, todo lo que tengo que hacer es recordar un momento en el cual me sintiera muy confiado, realizar un acto concreto como tirarme de la oreja mientras recuerdo ese momento, hacerlo una vez y otra y así llegará un momento en el que todo lo que tengo que hacer para sentir confianza es tirarme de la oreja...

– Justamente. Pero puede llevarle algún tiempo practicar la visualización de una experiencia pasada y traer a la memoria un recuerdo concreto. Además debe alcanzar la cúspide de la emoción antes de crear el ancla, pero si persevera, verá que es fácil y que funciona.

– Parece un poco simplista –dijo el joven.

– Sí. Pero funciona. De hecho funciona tan bien que los profesionales de la publicidad están todo el tiempo utilizando "anclas" para que asociemos los productos que anuncian con sentimientos agradables.

– ¿Cómo lo hacen? –preguntó el joven. Los anuncios no nos tocan.

– Las anclas pueden crearse a través de cualquiera de los cinco sentidos: el tacto, el oído, el gusto, el olfato o la vista. El ancla del perro de Pavlov era el sonido de una campana y recuerde el ejemplo que antes le puse, de dos personas que siempre se peleaban y que se ponían de mal humor con sólo verse u oírse uno al otro.

– Entiendo lo quiere decir.

– Lo que suelen hacer los profesionales de la publicidad es tomar una de las figuras más famosas y apreciadas del momento y dejar que suene su música mientras anuncian el producto. Muchos se sienten bien al ver a ese cantante o al oír su voz y pronto esa sensación de bienestar queda anclada al producto. ¿Por qué cree usted que una importante compañía de refrescos pagó 15 millones de dólares a Michael Jackson por utilizar su música y su imagen en sus comerciales?

La publicidad utiliza las anclas constantemente y lo mismo podemos hacer nosotros, pero para nuestro propio beneficio, no para el de ellos. Ese es el poder del cuerpo. Pero hay más. Todavía hay otras formas en las que nuestro cuerpo influye sobre las emociones. La comida por ejemplo.

– ¿Qué tiene que ver la comida con todo esto? –preguntó el joven.

– Los alimentos que introducimos en nuestro cuerpo tienen una influencia sobre el modo en que sentimos. Por ejemplo, los alimentos procesados y azucarados como el pan blanco, los pasteles y los chocolates, influyen en el nivel de azúcar de su sangre y le pueden hacer sentirse cansado e irritable. El exceso de café, de té y de alcohol también puede causar sentimientos depresivos. Algunos aditivos artificiales se ha demostrado que causan depresión. Diversas investigaciones han mostrado, por ejemplo, que el aspartame, uno de los endulzantes artificiales más comunes utilizado en muchas bebidas y alimentos "sin azúcar" en todo el mundo, puede causar en ciertas personas depresión clínica.

– ¿Hay algún alimento que ayude a sentirse bien? –preguntó el joven.

– Ciertos estudios han revelado que la *rutina*, un bioflavinoide que se encuentra en el trigo sarraceno, tiene cierto efecto benéfico sobre las ondas cerebrales y que puede ayudar a que algunas personas salgan de la depresión. Pero básicamente es necesario seguir una alimentación nutritiva y completa, con abundante fruta fresca, verduras y cereales integrales (arroz, avena, cebada, mijo, pan integral, etc.) pues ello ayuda a regular los niveles de azúcar en la sangre, reduce la irritabilidad y contrarresta los efectos del estress.

El joven pensó en sus habituales comidas rápidas. Ciertamente en ellas los alimentos frescos no eran muy abundantes. Tal vez ese fuera también un factor que había contribuido a su estado de apatía e infelicidad.

– Pero una de las necesidades más abandonadas en lo que respecta al bienestar emocional, –continuó el Sr. Greenway–, está relacionada con la necesidad que nuestro cuerpo tiene de la luz del día.

– ¿La luz del día? –preguntó el joven mientras seguía tomando notas. Todos recibimos la luz del día, ¿o no?

– Desgraciadamente no con la frecuencia que sería de desear. Muchas personas trabajan en fábricas y en oficinas que carecen de ventanas o si tienen ventanas éstas poseen cristales polarizados que bloquean el paso de los rayos solares. Por supuesto, en el invierno es todavía peor, pues los días son mucho más cortos. De hecho la depresión originada por la falta de luz solar, en la actualidad está considerada como una enfermedad, es el llamado "Desorden Afectivo Estacional" o SAD por sus iniciales en inglés. Por eso se dan muchos más suicidios en los meses invernales.

– ¿Y qué podemos hacer al respecto?

– Lo ideal es salir cada día a la luz natural durante una hora por lo menos. Si ello no fuera posible se pueden utilizar bombillas especiales, de las llamadas precisamente "luz del día."

– Es asombroso. Nunca imaginé que el cuerpo tuviera tanto que ver con nuestro estado de ánimo. ¿Por qué no se informa a la gente de todo esto?

– Precisamente por eso se les llama "secretos" –dijo el Sr. Greenaway. Yo creo que en nuestro interior todos "sabemos" cómo usar adecuadamente nuestros cuerpos y cómo ser felices, pues ese es el estado más natural del mundo, pero la vida moderna nos ha hecho olvidarlo y algunas veces necesitamos que nos lo recuerden.

– Cuando aprendí todo esto por primera vez –continuó el Sr. Greenway–, comencé a incorporarlo a mis rutinas diarias. Antes de ir al trabajo salía cada mañana a dar un buen paseo. Procuraba ser consciente de mi postura. Comencé a comer gran cantidad de frutas frescas y verduras, arroz integral y patatas e intenté pasar una hora cada día en el exterior.

Los resultados fueron increíbles. A la semana estaba tan sorprendido de ver cómo me sentía que decidí dedicar mi vida a compartir este conocimiento con los demás. Estudié psicoterapia y comencé a trabajar algunas tardes y los fines de semana. A los pocos meses el negocio iba tan bien que decidí dedicarme a ello todo el tiempo. Es increíble lo bien que uno se siente cuando cree en lo que está haciendo y lo disfruta. De hecho ya no se le puede llamar trabajo. Es diversión.

– Y todo gracias al vigilante de su oficina –dijo el joven.

– Sí. Así fue. Traté de hablar con él unas semanas después para darle las gracias por su ayuda, pero nadie lo conocía, ni habían oído jamás hablar de él.

– Espere... ¿Era un anciano chino?

– El Sr. Greenway sonrío.

– ¿Quién si no?

Al volver a su casa el joven se sentó y repasó las notas que había tomado.


*El segundo secreto de la Abundante Felicidad es: el poder del cuerpo.*

El movimiento afecta a las emociones.

El ejercicio nos libera del estress y genera ciertas reacciones químicas que hacen que nos sintamos bien. Es necesario hacer ejercicio con asiduidad, si es posible cada día, durante 30 minutos por lo menos.

Mis sentimientos son influenciados por mi postura. Una postura adecuada genera una disposición feliz.

Los sentimientos de felicidad pueden ser desencadenados conscientemente en cualquier momento mediante el "anclaje."

Los alimentos que tomamos tienen una influencia notable sobre cómo nos sentimos. Evitar los estimulantes como el café, el té, el alcohol, los alimentos que contienen azúcar y los aditivos artificiales. Tomar fruta fresca y verduras en abundancia, también cereales integrales.

La falta de la suficiente luz del día puede generar sentimientos depresivos. Salir a la luz natural durante una hora cada día siempre que ello sea posible.

## EL PODER DEL MOMENTO

– Sucedió hace casi veinte años. Las cosas en el trabajo no me iban muy bien y en casa también tenía problemas. Un día, iba caminando con rapidez por el centro de la ciudad, eran sobre las cuatro de la tarde y me dirigía a hacer una presentación para uno de nuestros clientes más importantes. De pronto oí el claxon de un coche y el alarido de una mujer. Miré y vi a un camión que venía derecho hacia mí a una velocidad increíble.

Todo ocurrió como en cámara lenta. Me quedé allí, paralizado por el miedo mientras el camión se acercaba cada vez más. Pensé que ya estaba. Que por fin iba a morir, pero en el último segundo sentí que alguien me agarraba con mucha fuerza y tiraba de mí hacia atrás. Fue una fracción de segundo, se lo aseguro. Pude sentir cómo el lateral del camión rozaba mi gabardina. Unos centímetros más y me habría alcanzado, produciéndome una muerte casi segura. Me volví para ver quien me había salvado la vida y allí estaba, ¡un anciano chino!

Tomy Brown tenía unos cuarenta y cinco años. Era un fotógrafo bastante conocido. Sus fotos aparecían con frecuencia en los principales periódicos nacionales y también en diversas revistas. El joven había ido a verlo a su estudio, en el centro de la ciudad.

– El incidente me dejó muy afectado. Me senté en un banco cercano. El anciano se sentó a mi lado y me preguntó cómo me sentía. Le dije que bien. "Esta vez estuvo cerca," dijo. "Muchas gracias. Me ha salvado usted la vida." Le expliqué que en aquel momento en que me puse a cruzar la calle mi mente estaba en otro lugar y entonces él dijo algo que me hizo pensar. Dijo: "En mi país tenemos un dicho: '¡El único momento que podemos vivir es ahora!'" Hablamos tan sólo durante unos minutos, pero antes de despedirse me dio un trozo de papel.

– ¿Con una lista de diez nombres y diez números de teléfono? –le interrumpió el joven.

– Sí –respondió sonriendo el Sr. Brown,– así es como aprendí los secretos de la Abundante Felicidad.

– ¿En qué forma le ayudaron? –preguntó el joven.

– Me enseñaron cómo crear la felicidad. Pero particularmente uno de ellos me causó una impresión muy profunda, probablemente porque se trataba de algo que yo jamás había tenido en cuenta... ¡el poder de vivir el momento!

– ¿Cómo puede un momento contener algún poder o secreto de felicidad? –preguntó el joven.

– El secreto no está en el momento, se trata de *vivir el momento* –dijo el Sr. Brown. La felicidad no se encuentra en años, en meses, en semanas ni en días, se encuentra sólo en el momento presente.

– ¿Qué me quiere usted decir? –preguntó el joven. ¿Significa que no podemos ser felices más que un minuto?

– Por supuesto que no. Lo que le digo es que es necesario experimentar la felicidad momento a momento. Mire esas fotos. ¿Qué ve en ellas?

El joven estudió las fotografías que colgaban de la pared que estaba junto a él. Cada una de ellas había captado una expresión. Había una madre joven acunando a su hijo, un padre y su hijo riendo mientras jugaban a la pelota, dos ancianos abrazándose, dos amigos llorando en un aeropuerto y una multitud de niños jugando en el patio de una escuela.

Finalmente dijo,

– En ellas hay muchas emociones y sentimientos intensos. Son muy buenas.

– Gracias –dijo el Sr. Brown. Precisamente son las emociones lo que intento captar. Esa es la belleza de las fotos, captan una fracción de segundo, un momento que jamás volverá a repetirse y en el cual experimentamos una emoción. Ha pensado usted alguna vez en que la gente da mucho valor a cosas como aparatos de televisión, ordenadores, coches, dinero, ropas, joyas... en fin, cosas que pueden ser fácilmente reemplazadas. Pero hay algo en la vida que no puede ser reemplazado y sin embargo solemos pensar en ello como totalmente carente de valor. Es nuestro bien más preciado y pese a ello tendemos a malgastarlo. Pensar sobre el pasado o preocuparse por el futuro nos priva del presente. Y el presente –el aquí y ahora– es todo lo que tenemos y todo lo que podemos tener.

– No estoy seguro de haberle comprendido bien –dijo el joven.

– Cuando usted mira hacia atrás, a su vida, y recuerda tiempos felices, ¿qué le viene a la mente?

– Déjeme pensar –dijo el joven mirando a lo lejos.

Pensó en su quinto aniversario, cuando todavía vivía su padre, luego en las vacaciones con la familia en la playa, en cuando se graduó en la universidad...

– ¿Cómo recuerda usted esos tiempos? –preguntó el Sr. Brown. ¿Cómo años, como meses, como semanas, como días... o como momentos?

– No estoy muy seguro –dijo el joven.

– Piense en uno que se destaque de los demás.

– La fiesta de mi quinto cumpleaños.

– ¿Cuando exactamente se sintió usted feliz?

– Justo un poco antes de que empezara la fiesta. Recuerdo que mi madre se me acercó y me dijo al oído: "¡Eres mi niño especial y te quiero mucho!" Algunas veces, si cierro los ojos, todavía puedo escuchar su voz.

– ¡Excelente! –dijo el Sr. Brown, contento de poder demostrar lo que quería. ¿Usted ve? ¡Fue un momento! Todos los niños viven el momento. Imagine lo que hubiera ocurrido si en aquel preciso momento usted hubiera estado pensando en el trabajo de la escuela. Tal vez ni siquiera hubiese escuchado lo que su madre le decía y se habría perdido aquella sensación de felicidad. Y su madre también se habría perdido la felicidad que su reacción sin duda le dio.

– Ya veo lo que quiere usted decir.

– Todos nuestros recuerdos están formados de momentos. Momentos en los que vemos, oímos o sentimos algo. No recordamos años, meses ni siquiera días. Tan sólo momentos. Por ello sólo podemos lograr el máximo de esta vida obteniendo el máximo de cada momento. Si un momento es especial, mágico, entonces la vida se convierte en especial y mágica. El secreto es coleccionar tantos momentos de ese tipo como se pueda. Nunca habrá otro ahora, por ello lo mejor que podemos hacer es sacarle el máximo provecho. Recuerde que aunque la vida en este momento tal vez no es todo lo que usted desearía, en este momento es todo lo que usted tiene. Por ello, como dijo una vez un sabio, "¿Por qué no pones una flor en tu ojal y eres feliz?"

El joven recordó lo que le había contado el Sr. Kesterman sobre el hombre que, pese a su enfermedad terminal, estaba contento y feliz, agradecido por cada día que seguía vivo. Aquel hombre había debido aprender el poder de vivir el momento. Viviendo momento a momento, día a día, era feliz a pesar de su enfermedad.

– Quien vive en el momento presente no tiene tiempo para lamentarse por el pasado ni para preocuparse por el futuro, para él sólo existe lo que tiene ante sí.

Pero el joven seguía confundido.

– ¿Cómo se logra sacar el máximo provecho a cada momento? –preguntó.

– Siendo consciente. Dante dijo: "¡Piensa que este día no volverá a amanecer jamás!"

Si no eres consciente de que alguien te está ofreciendo una manzana, no la tomarás. Es como el tenista famoso que en un campeonato juega el primer round contra un oponente mucho más flojo que él y está todo el tiempo pensando en lo que ocurrirá cuando al final del torneo tenga que enfrentarse a rivales realmente peligrosos. Con estos pensamientos se distrae del juego, comete un error y pierde un tanto. Al repasar mentalmente la jugada deja otra vez de concentrarse en la actual, por lo que comete otro error. Entonces se recrimina a sí mismo por la absurda pérdida de puntos que está teniendo y comienza a sentir ansiedad: "¿Y si perdiera este partido?" No es necesario decir que sus preocupaciones por algo que todavía no había ocurrido le evitan de nuevo concentrarse en el juego presente y de nuevo pierde otro punto. Antes de que llegue a darse cuenta todo ha terminado para él, juego, partido y campeonato.

Lo mismo ocurre en nuestras vidas. Reflexionamos sobre el pasado y nos preocupamos por el futuro y a consecuencia de ello nunca le damos al presente toda nuestra atención. Esto nos genera sentimientos de pesar por lo que ya hemos hecho y de ansiedad por las cosas que todavía no han ocurrido. Quien no vive en el momento presente no puede ganar el juego de la vida.

El joven levantó una ceja. Parecía muy claro, sin embargo él jamás había pensado de este modo en el significado del tiempo.

– Si queremos ser felices –siguió el Sr. Brown– debemos aprender a apreciar lo que tenemos y todo lo que tenemos está aquí y ahora. Las decisiones de hoy son las realidades de mañana. Debemos aprender a tomar las cosas cuando vienen y a dejarlas ir cuando se van. Como escribió Thomas Carlyle: "Lo que debemos hacer no es dedicarnos a atisbar lo que apenas se distingue en la lejanía, sino hacer aquello que tenemos a mano." Si nos centramos en el futuro distante posiblemente nos sentiremos abrumados y deprimidos. Muchas personas gastan su tiempo preocupándose por cosas que no han ocurrido y que probablemente no ocurran jamás. El famoso filósofo francés Montaigne escribió: "Mi vida ha estado llena de terribles desgracias... la mayoría de las cuales nunca ocurrieron." Esta es una de las razones por las que muchas personas están abrumadas por las preocupaciones y el estress, para ellas, ¡hoy es el mañana por el que se preocuparon ayer! Al vivir en el momento presente no queda lugar para las lamentaciones sobre el pasado ni para la ansiedad acerca del futuro. En lugar de centrarnos en lo que ya pasó o en lo que tal vez llegará, nos centramos en lo que tenemos frente a nosotros.

Por eso vivir en el momento presente, es una de las

mejores maneras de vencer a las preocupaciones y a los miedos.

La mayoría de las religiones han adoptado esta filosofía. Cuando le preguntaron a Jesús cómo se debe orar recitó en el "Padre Nuestro:" "El pan nuestro de cada día dánosle *hoy.*" No el pan de mañana, ni el de la semana siguiente ni el del año próximo, sino tan sólo el de hoy. Una de las formas en las que quienes han sufrido grandes tragedias en sus vidas logran salir adelante es tomándose la vida día a día. Si esta filosofía nos puede sacar adelante en los peores momentos, ¡imagínese lo que logrará en los buenos tiempos! Por ello se dice que, para el sabio, cada día es un nuevo comienzo. Yo conservo esto –dijo tomando una placa de la pared y tendiéndosela al joven– y lo leo cada día para recordarme a mí mismo de ello y asegurarme de vivir el momento presente. Me ayuda a obtener el máximo provecho de cada día y al mismo tiempo, de toda mi vida.

La placa contenía un clásico poema hindú en prosa titulado *Saludo al amanecer*:

¡Mira este día!
Pues es la vida, la propia vida de la vida.
En su breve curso
Están contenidas todas las verdades y las realidades de
tu existencia:
La bendición del crecimiento
La gloria de la acción
El esplendor de la belleza

Ayer no es más que un sueño
Y mañana es tan sólo una visión
Si vives bien hoy harás que ayer sea un sueño feliz
y mañana una visión de esperanza.

Por ello, ¡mira bien este día!
Este es el saludo al amanecer.

*Kalidasa*

– Inténtelo usted mismo –dijo el Sr. Brown. Durante el resto del día centre su mente en lo que esté haciendo en lugar de pensar en lo que ha hecho o en lo que tiene que hacer.

– Creo que entiendo –dijo el joven,– pero, ¿no debemos entonces preocuparnos por el futuro?

– Sólo viviendo en el momento actual podremos crear el futuro que deseamos. Cada momento nos ofrece las opciones que van moldeando nuestro destino. El pensamiento es la semilla de la acción, la acción crea el hábito, los hábitos moldean el carácter y nuestro carácter crea nuestro destino.

Los pensamientos que elegimos en cada momento determinan dónde estaremos al momento siguiente. Este es el modo en el que las decisiones y los actos que realizamos en cada momento van creando nuestro futuro. Al hablar con la gente, verá que generalmente están viviendo en el pasado o en el futuro, en otros tiempos y lugares, en vez de sacar el máximo provecho de lo que tienen aquí y ahora. Eso es precisamente lo que me ocurrió a mí, y el pensar con frecuencia en cosas diferentes a lo que hacía en cada momento casi acaba con mi vida. Si no vive en el momento presente, tal vez sus días no terminen bajo un camión, pero sin duda se perderá la mayoría de las experiencias y de las oportunidades que se crucen en su camino.

– ¿No estará usted sugiriendo que no se debe planear el futuro, verdad?

– ¡En absoluto! Antes de emprender cualquier acción, es vital planearla debidamente. Pero no planee una cosa mientras esté haciendo otra. Cualquier cosa que haga o piense, concéntrese en esa actividad, emprendiendo tan sólo una cosa a la vez. Cuando hable con alguien, préstele toda su atención; cuando trabaje, enfoque su mente en el trabajo que tiene entre manos y no cometa el mismo error que yo cometí.

– ¿Qué error? –preguntó el joven.

– Cuando cruce la calle, ¡fíjese en el tráfico! Al vivir en el momento presente se reducen significativamente los sentimientos de ansiedad y de depresión, la efectividad en el trabajo aumenta, las relaciones personales mejoran y en general su vida resulta enriquecida. ¡Este es el poder de vivir en el momento presente!

Durante todo el resto del día, el joven trató de mantener su mente atenta a lo que estaba haciendo. No fue fácil detener los pensamientos que surgían de vez en cuando, pero en general logró concentrarse en lo que hacía y al final no tuvo ninguna duda de que lo había hecho mucho mejor que otras veces. En lugar de preocuparse por todo el trabajo pendiente que se acumulaba sobre su mesa, tomó una carta cada vez y por primera vez desde que empezó a trabajar en aquella compañía, hacía ya más de tres años, al final del día su carpeta de trabajos pendientes estaba vacía. Al hablar con sus compañeros de trabajo les prestó toda su atención y se sorprendió mucho cuando uno de ellos le dijo, "Gracias por escucharme, me has ayudado mucho." Ello le hizo sentirse internamente muy bien.

Por la noche, después de cenar, el joven se sentó y examinó las notas que había tomado durante su entrevista de hoy.

*El tercer secreto de la Abundante Felicidad es: el poder de vivir el momento presente.*

La felicidad no está en los años, en los meses, en las semanas, ni siquiera en los días. Sólo se la puede encontrar en los momentos.

Sólo lograremos obtener el máximo provecho de la vida si obtenemos el máximo provecho de cada momento.

Los recuerdos están hechos de momentos especiales. Colecciona todos los que puedas.

Vivir en el momento presente disipa los pesares, vence a la ansiedad y reduce el estress.

Recuerda que cada nuevo día es un nuevo comienzo, una nueva vida.

## EL PODER DE NUESTRA PROPIA IMAGEN

Hasta una semana después el joven no pudo ver a la siguiente persona de la lista. Ruth Moses le explicó por teléfono que era estudiante de Arqueología y que debido a un viaje de estudios estaría ausente durante unos días, pero que con gusto lo vería a su regreso.

Al llegar fue recibido por una señora mayor de rostro agradable, vestida con una falda rosa y un delantal blanco de algodón.

– ¡Hola! –dijo el joven. Vengo a ver a Ruth Moses.

– ¡Hola! dijo sonriente la señora, pase, por favor.

La anciana lo llevó al salón.

– Póngase cómodo. Tengo agua al fuego, ¿quiere tomar un té? Hay Earl Grey, café descafeinado y diversos tés de hierbas, camomila, menta, naranja...

– Un té de menta, muchas gracias –respondió el joven.

Tras unos momentos la señora volvió con una bandeja en la que habían dos tazas, un cacharro con agua hirviendo, tés de diversos tipos, una jarra de miel y un plato con galletas caseras. Se sentó frente al joven y comenzó a servir el té.

– Me intrigó mucho su llamada. Dígame, ¿de qué se trata?

El joven se mostró perplejo.

– Perdone... ¿Es usted Ruth Moses?

– ¡Por supuesto! –sonrío la anciana. ¿Quién creía usted que era?

– No se... pero como me dijo usted por teléfono que era estudiante...

– Y lo soy. En la actualidad estoy preparando mi licenciatura en Arqueología. Si Dios quiere, el año próximo estaré haciendo el doctorado. ¿Quiere usted un poco de miel?

– No, gracias.

Le pasó una taza de té y le ofreció galletas.

– ¿No bromea?

– ¿Sobre qué?

– ¿Realmente es usted estudiante? –insistió el joven.

– Sí, por supuesto –sonrió la Sra. Moses.

– Perdóneme –dijo el joven, tratando de que su sorpresa no resultara ofensiva. Es sólo que, después de hablar con usted por teléfono, pensé que era una joven estudiante.

– Soy una joven estudiante –insistió la Sra. Moses con una sonrisa–, ¡joven de ochenta y dos años, para ser exactos!

El joven sonrió.

– ¿En qué puedo servirle? –preguntó la Sra. Moses.

El joven procedió a contarle su encuentro con el anciano chino.

– Mire esto –dijo la Sra. Moses mientras le tendía una fotografía.

– ¿Quien es? –preguntó el joven mientras miraba la foto que, en blanco y negro, mostraba a una señora muy anciana, casi acabada, que se apoyaba sobre un bastón– ¿su madre?

– No. Soy yo, o mejor dicho, era yo... hace 20 años.

El joven miró la foto con más detenimiento y pudo ver un cierto parecido en la estructura ósea, en la línea del cabello y la forma de la boca, por lo demás había muy pocos datos que sugirieran que la anciana de la foto era la misma persona que estaba sentada ante él.

– Parece que en lugar de envejecer ha estado usted rejuveneciendo desde que le tomaron esta foto. ¿Qué ocurrió? ¿Cómo lo hizo?

– Encontré a alguien que cambió mi vida... ¡un anciano chino! Poco después de jubilarme, hace unos 20 años, comencé a sentirme vieja por primera vez. En la noche me era muy difícil conciliar el sueño y durante el día estaba cansada todo el tiempo. Comencé a perder la memoria y el poder de concentración y a tener las extremidades torpes y pesadas. Como podrá imaginar, me sentí desgraciada, pero un día todo cambió de repente. Me hallaba esperando al autobús y junto a mí había un anciano chino que llevaba una mochila a su espalda.

El anciano me sonrío, por lo que yo le sonreí también y comenzamos a hablar. Me dijo que estaba dando la vuelta al mundo. No lo creí. ¿Cómo era posible que una persona de su edad tuviera la fuerza y la energía necesarias para viajar por todo el mundo con una mochila a la espalda? Le hice esta misma pregunta y me respondió riendo: "Somos todo lo viejos que creemos ser." Comenzamos a hablar de lo que es la vida después de los 60 y mientras yo sólo veía problemas y dificultades, para él todo eran oportunidades y ventajas. "¿A que edad se tiene más experiencia y sabiduría?", me dijo. Y luego me preguntó algo que yo nunca había considerado: "Por haber vivido más tiempo... ¿tiene que ser la vida peor? En todo caso tendría que ser mucho mejor, ¡pues se tiene más práctica!"

Al hablar aquél día con el anciano chino me di cuenta de la gran verdad que encierra el proverbio que dice: "El hombre es como él cree que es." Lo que hace a una persona anciana no es su edad, sino su mente. Disfruté tanto de la conversación con el chino que dejé pasar al menos cuatro autobuses. Los Secretos de la Abundante Felicidad me cautivaron. Secretos mediante los cuales, cualquiera, sin importar su edad, sus creencias o su color, puede crear felicidad en su vida. Los secretos me dieron una nueva perspectiva de la vida. Fue como nacer de nuevo. Como si todo hubiera pasado de ser en blanco y negro a brillar con los colores más maravillosos. Por supuesto, nada había cambiado. Sólo yo. Y lo que para mí resultó más valioso de todo fue... el poder de la propia imagen.

– ¿La propia imagen?

– Sí. La forma en la que usted se ve a sí mismo, sus creencias sobre usted mismo. Uno de los motivos por los que mucha gente es infeliz, es que no están contentos con ellos mismos. ¿Puede usted creer que mucha gente no se gusta a sí misma? Son muchas las personas que crecen llenas de complejos. Algunas veces son cosas físicas como "Tengo la nariz demasiado grande" o "soy feo" o "demasiado joven" o "demasiado viejo." Otras veces los complejos son intelectuales como "soy menos inteligente que los demás," y otras veces creen que tienen defectos de personalidad como "no tengo sentido del humor" o "soy aburrido." Pero, cualquiera que sea el motivo, si uno no es feliz consigo mismo, ¿cómo podrá ser feliz con la vida?

El joven pensó inmediatamente en sus propios complejos, y tenía bastantes.

– ¿De dónde proceden todos esos complejos? –preguntó.

– De experiencias pasadas. Generalmente de la infancia. Recuerdo que un hombre me dijo una vez, "Cuando crecí adopté la forma de hablar de mi padre, las posturas de mi padre, las opiniones de mi padre... ¡y el odio que mi madre sentía por mi padre!"

Nuestras impresiones sobre nosotros mismos se forman durante la infancia. En un principio no sabemos quien somos ni qué deberíamos ser, hasta que lo aprendemos de quienes nos rodean, que son mayores, tienen más conocimientos y se supone que nos quieren.

Le voy a dar un ejemplo. Jimmy va de la escuela a su casa. Le han dado las notas y son bastante malas. Por el camino se pregunta a sí mismo: "¿Por qué he sacado unas notas tan malas? ¿Será que veo demasiado tiempo la televisión? ¿Que no he estudiado lo suficiente? ¿Que soy torpe? ¿O simplemente un poco vago? Al llegar se las entrega a su padre. El padre las mira y dice, "Bueno, una cosa está clara, ¡por lo menos no las has falsificado!" Pero luego a medida que va leyendo las observaciones de los maestros se va poniendo de mal humor y finalmente le dice: "¡El problema Jimmy, es que eres tonto, que no te esfuerzas bastante, eres torpe y vago!"

Ahora a Jimmy ya no le queda ninguna duda sobre sí mismo. *Sabe* que es tonto, torpe y vago y este conocimiento lo lleva consigo durante el resto de su vida. Cada vez que se tiene que enfrentar a un obstáculo se dice a sí mismo, "No voy a poder porque soy torpe y vago". Así evita los obstáculos, se siente inferior a los demás y lamenta ser él mismo.

– ¿Y cómo puede uno librarse de esos complejos y opiniones negativas?

– ¡Buena pregunta! Lo primero es hacernos a nosotros

mismos una de las preguntas más importantes que se pueden hacer: "¿Quién soy yo? o ¿Qué soy yo?"

– ¿Por qué?

– Porque la respuesta a esta pregunta nos hará apreciar lo especiales que somos. Por ejemplo, ¿sabía usted que cuando su padre y su madre tuvieron relaciones, la posibilidad de que usted naciera era una entre 300.000 billones? En su lugar pudieron haber nacido 300.000 billones de personas distintas, sin embargo, ¡nació usted! Y no sólo eso, sino que en toda la historia del mundo, nunca ha habido una persona exactamente igual que usted.

– La siguiente pregunta que nos tenemos que hacer es: ¿Cuales son mis opiniones sobre mí mismo?

– Algo así como, "¿Soy tonto o estúpido?" –la interrumpió el joven.

– Sí. Y luego razonar, ¿Cómo sé que eso es verdad? ¿Llegó usted a esa conclusión por lo que alguien hizo o dijo, o sabe usted positivamente que esa es la verdad? La mayor parte del tiempo basamos nuestras opiniones sobre nosotros mismos en los demás. Los demás son una especie de espejos psicológicos nuestros, pero déjeme enseñarle algo.

La Sra. Moses sacó unos espejos de un cajón. Sostuvo cada uno de ellos frente al joven para que él se viera a sí mismo. Eran espejos curvos, como los que hay en las ferias, aunque en pequeño. Las imágenes que reflejaban estaban muy distorsionadas, en algunos de ellos el joven apenas se podía reconocer a sí mismo. Uno hacía su cabeza casi de un metro de larga, en otro sus orejas parecían alas y en otro parecía el hombre más gordo del mundo. El joven rió.

– ¿Cual de ellas es como usted? –preguntó la Sra. Moses.

– Ninguna –respondió el joven.

– ¿Cómo lo sabe?

– Porque son espejos de broma. La imagen que reflejan no es la realidad.

– Por supuesto. Pero, ¿qué habría ocurrido si usted nunca antes hubiese visto una imagen suya? Sin duda al verse reflejado por estos espejos se habría horrorizado. Afortunadamente, usted sabe cual es su apariencia física porque ya se ha visto muchas veces en otros espejos que no están alterados como estos. Pero, ¿ha visto usted alguna vez una auténtica imagen psicológica suya? Ve usted, existen espejos que nos reflejan nuestro aspecto físico pero no hay espejos que nos muestren nuestra apariencia psicológica. En lugar de ello nos basamos en las reacciones de otras personas, para a través de ellas, deducir cómo sumos en nuestro interior. Si le dicen que es usted egoísta, tal vez pensará usted que es egoísta. Y del mismo modo, si alguien le dice que usted es estúpido, podrá también creerlo. Los demás son espejos en los que nos vemos, sí, pero espejos distorsionados. Tienen sus propios prejuicios que distorsionan la imagen de usted.

El mayor error que puede usted cometer en la vida es basarse en los demás para averiguar quién es realmente. Cuando un padre o un maestro le dice a un niño: "*eres* malo" o "*eres* egoísta" o "vago" o "estúpido," le están creando a ese niño imágenes negativas –y falsas. Es muy posible que el niño haya hecho o dicho algo que sea malo, egoísta, vago o estúpido pero ese fue el comportamiento del niño, no el niño. Se trata de una diferencia sutil, pero muy importante. Es la diferencia entre decir: "Eres una niña mala" y "Es malo derramar la leche sobre la alfombra".

No es lo mismo, ¿verdad?

¿Ha hecho usted alguna vez algo de lo que después se haya arrepentido? ¿Un tonto error, o simplemente algo estúpido?

El joven asintió con la cabeza.

– Por el simple hecho de haber cometido un error estúpido, ¿significa ello que es usted una persona estúpida?

– Ya veo lo que quiere usted decir –dijo el joven.

– Muchos confunden el comportamiento con la persona y a consecuencia de ello se forman muchas creencias negativas que no necesariamente son verdad, pero que sin embargo, las llevan consigo durante toda su vida.

El joven comenzó a tomar notas en su libreta.

– Entiendo cómo se forman las creencias y las opiniones negativas sobre nosotros mismos –dijo–, pero, una vez ya formadas, ¿cómo se puede uno librar de ellas?

– El primer paso es ser capaz de averiguar de donde procede dicha opinión negativa –dijo la Sra. Moses. Con frecuencia al ser conscientes de ello el problema desaparece por sí solo. Sin embargo, algunas creencias están tan profundamente enraizadas en la mente que para erradicarlas hace falta algo más que ser consciente de sus orígenes. En estos casos, la solución está en las "afirmaciones positivas."

– ¿Qué son esas "afirmaciones"? –preguntó el joven.

– Una afirmación es una frase que nos decimos a nosotros mismos, ya sea en voz alta o mentalmente. Una afirmación positiva es algo así: "Soy un ser humano inteligente, amable y único."

– ¿Cómo ayuda eso?

– Si oímos algo repetidamente –explicó la Sra. Moses–, comenzamos a creer en ello. En realidad, ese es el origen de la mayoría de nuestras creencias, oírselas una vez y otra a alguien siendo niños. La publicidad utiliza esta técnica continuamente. Crean una frase y la repiten una y otra vez en todos los medios de comunicación hasta que finalmente, la gente la cree.

– Para poder controlar su vida, es necesario antes controlar sus creencias y una forma de hacerlo es mediante las afirmaciones.

– ¿Con qué frecuencia es necesario repetir una afirmación concreta para que el subconsciente comience a creer en ella? –preguntó el joven.

– Ello dependerá del tiempo que haya usted mantenido la creencia negativa opuesta. También es muy importante decir las afirmaciones con sentimiento, como si uno creyera en ellas, y no con una voz monótona e impersonal. Yo le diría que al menos es necesario repetir cada afirmación tres veces al día, por la mañana, al mediodía y por la noche. Puede usted escribirla en una tarjeta y leerla cada vez que tenga ocasión.

Otra técnica que puede ser de gran ayuda para cambiar la imagen que uno tiene de sí mismo es actuar como si uno fuera justo lo opuesto del complejo que se tiene. Por ejemplo, si cree que es usted poco atractivo, actúe como si fuera muy atractivo. Si cree que está falto de confianza, actúe con mucha confianza.

– ¿No es eso comportarse como lo que uno no es?

– Sí. Pero algo increíble ocurre cuando uno actúa como si fuera atractivo, feliz y tuviera confianza... pronto empieza uno a sentirse atractivo, feliz y con confianza. Quizás se lo pueda explicar mejor con un ejemplo. Imagínese una muchacha joven que cree que es poco atractiva y que va al baile con sus amigas. Durante toda la noche permanece en un rincón donde nadie la ve y en consecuencia, no la sacan a bailar. Si esa misma chica se comportara como si fuese muy atractiva, llevando un vestido más elegante por ejemplo, se relacionaría más con los demás, al hacerlo adquiriría confianza en sí misma y ello la haría atractiva a los ojos de los otros.

O imagínese un hombre que va a dar una conferencia. Está tan nervioso que le tiemblan las rodillas. Si actuara según lo que siente se levantaría y saldría corriendo de la sala, pero sabe que tiene que hacerlo y se esfuerza por actuar como si tuviera mucha confianza en sí mismo. Tras su presentación, que parece llena de confianza, el público le aplaude y él comienza a sentir verdadera confianza. Del mismo modo, algunas veces no nos sentimos felices, pero si actuamos como si lo fuéramos y sonreímos a la gente, generalmente ellos nos sonreirán a su vez y eso hará que nos sintamos mejor.

Otra forma de mejorar la imagen que tenemos de nosotros mismos es buscar aspectos nuestros con los que estemos realmente satisfechos.

– En teoría parece una buena solución, pero, ¿cómo se puede poner en práctica? –preguntó el joven mientras seguía tomando notas.

– Muy fácil –respondió la Sr. Moses. Todo lo que tiene que hacer es preguntarse: "¿Qué es lo que me gusta de mí mismo?" o "¿Para qué soy bueno?"

– Sí, pero la respuesta puede ser, "muy poco" o incluso, "absolutamente nada" –dijo el joven.

– Uno de los rasgos más sorprendentes de la mente humana es que siempre busca una respuesta para cualquier pregunta e incluso si no hay respuesta, inventa una. La mayor parte del tiempo nos estamos haciendo preguntas negativas, "¿Por qué no soy atractivo?". "¿Por qué soy tan tonto?". "¿Por qué no consigo encontrar un trabajo?". Su mente siempre encontrará una respuesta a cualquier pregunta que usted se haga sobre sí mismo, "Porque tengo la nariz demasiado grande," "porque mi cerebro está atrofiado," "porque valgo menos que los demás." Por supuesto todo tonterías, pero la mente, ¡siempre encontrará una respuesta!

Si hacemos preguntas positivas, hallaremos respuestas positivas. Incluso si le resulta difícil encontrar algo que le guste de usted mismo, puede hacer la pregunta del siguiente modo: "Si hubiera algo en mí que me pudiese gustar, ¿qué sería?" Este tipo de preguntas fuerza siempre una respuesta positiva. Otras buenas preguntas que pueden hacernos cambiar el modo en que pensamos de nosotros mismos son: "¿Qué habilidades tengo?". "¿Qué es lo que mejor se me da?" "¿En qué podría yo aportar una ayuda efectiva?"

Las afirmaciones, el actuar como si... y las preguntas positivas, son modos sencillos y efectivos con los que podemos empezar a cambiar el modo en el que nos sentimos en relación con nosotros mismos. Por supuesto, debemos cesar de adoptar las opiniones que surjan como consecuencia de las reacciones de los demás. Hay que recordar siempre que aunque los demás son espejos nuestros, se trata de espejos distorsionados y prejuiciados.

Lo más importante que debe recordar de todo cuanto hemos hablado es esto: para criticar no es necesario tener talento, ni inteligencia ni carácter. Sólo Dios puede crear una flor, sin embargo cualquier criatura estúpida la puede romper en pedazos. Cuando los demás son bruscos y hostiles, cuando nos dicen cosas crueles y desagradables, ello es siempre un reflejo de su espíritu alterado, no un reflejo de usted. Por lo tanto no escuche a nadie que trate de decirle cómo o qué es usted, (salvo que se trate de algo positivo, por supuesto). Si yo hiciera caso de lo que me dicen, ¿cree usted que a mi edad estaría estudiando en la universidad? Si hubiera aceptado lo que los demás me decían, ¿cree usted que hubiera aprendido a esquiar a los 65 años?, ¿o a pintar a los 68? Si hubiera hecho caso a lo que me decían, en este momento probablemente estaría ya muerta, o viviendo tan sólo de recuerdos.

Me dijeron que era una locura iniciar a mi edad todas esas cosas. Muchos todavía creen que estoy un poco loca. Tal vez lo esté, pero le diré una cosa: soy feliz con mi vida.

Una vez leí que lo más elevado que se puede lograr en esta vida es conocerse uno mismo, pues entonces se es verdaderamente libre. Libre de las limitaciones y de las restricciones que otros deseen imponernos, y libre para vivir como debemos vivir... ¡felices!

El joven se sentía inspirado.

– Parece muy sencillo y lógico, pero, ¿realmente funciona?

La Sra. Moses sonrió.

– Sólo hay un modo de averiguarlo, ¡pruébelo!

Aquella noche, antes de acostarse, el joven leyó las notas que había tomado.

*El cuarto secreto de la Abundante Felicidad es: el poder la propia imagen.*

Uno es como él cree que es. Si me siento infeliz conmigo mismo, toda mi vida será desgraciada. Por ello, para que mi vida sea feliz, debo estar contento conmigo mismo.

Cada persona es especial.

Los demás son un espejo nuestro, pero un espejo distorsionado.

Para vencer los complejos y las creencias negativas sobre mí mismo y crearme una imagen positiva debo:

Antes que nada averiguar cómo se forjó esa imagen y si es cierta. (Si es cierta debo decidir cambiar.)

Hacer cada día afirmaciones positivas, afirmando el tipo de persona que quiero ser.

Actuar del modo que me gustaría ser.

Preguntarme qué es lo que me gusta de mí mismo.

## EL PODER DE LAS METAS

Dos días después, el joven conoció a la quinta persona de su lista, el Dr. Julius Franks. El Dr. Franks era profesor de psicología en la universidad de la ciudad y aunque tenía ya 70 años mostraba un cierto vigor juvenil que trascendía con mucho a su edad y que hizo que el joven se acordara del anciano chino.

Me encontré con el viejo chino hace muchos, muchos años. Fue durante la segunda guerra mundial. Estábamos en Extremo Oriente y yo era prisionero de guerra. Las condiciones de vida eran muy difíciles, casi insoportables. La comida era mínima, no teníamos agua y hacia donde uno mirara no veía más que disentería, malaria e insolaciones. Muchos de los prisioneros no fueron capaces de afrontar la tensión física y mental, los pesados trabajos y el insoportable calor y encontraron en la muerte una salida. Yo también lo pensé, pero un día alguien me devolvió las ganas de vivir, un anciano chino.

El joven escuchaba atentamente el relato del Dr. Franks.

Una tarde estaba solo, sentado en el patio. Me sentía muy débil y cansado y comencé a pensar lo fácil que sería correr hacia la alambrada electrificada. De pronto vi que un viejo chino se había sentado a mi lado. A pesar de mi debilidad me di cuenta de lo extraño de su presencia allí y pensé que sería una alucinación. ¿Cómo podía un anciano chino aparecer de pronto en un campo de concentración japonés?

El chino me hizo una pregunta, una sencilla pregunta que literalmente me salvó la vida.

El Dr. Franks se detuvo durante un momento.

El joven se preguntó mentalmente cómo es posible que una simple pregunta le salvara la vida a alguien.

– Y la pregunta fue: "¿Qué es lo primero que vas a hacer cuando salgas de aquí?"

Era algo en lo que yo nunca había pensado antes. Pero sabía la respuesta. Quería ver de nuevo a mi mujer y a mis hijos. De momento se me recordaba que tenía algo por lo que vivir, una razón por la cual debería hacer todo lo que estuviera en mi mano para seguir con vida. Su pregunta me salvó la vida porque me dio algo que yo ya había perdido, ¡una razón para vivir!

Desde entonces me fue mucho más fácil seguir viviendo, pues supe que cada día que pasaba me acercaba al final de la guerra y también a mis sueños. La pregunta del chino no sólo me salvó la vida, sino que me enseñó la lección más importante que he aprendido jamás.

– ¿Qué lección fue esa? –preguntó el joven.

– El poder de las metas.

– ¿Las metas?

– Sí. Las metas. Las ambiciones. Las cosas por las que luchar. Las metas dan a nuestras vidas un propósito y un significado. Es cierto que se puede vivir sin ellas, pero para vivir realmente y ser felices, es necesario que nuestra vida tenga un propósito. "Sin propósito," escribió el almirante Byrd, "los días terminan en la desintegración."

– ¿En la desintegración de qué? –preguntó el joven.

– Del alma. ¿No se ha preguntado nunca por qué tanta gente pierde la salud y se muere poco tiempo después de jubilarse? ¿Por qué tantos ricos y famosos terminan siendo drogadictos o alcohólicos?

El joven asintió con la cabeza. Con frecuencia se había preguntado por qué muchos se vuelven "viejos" después de retirarse y siempre había sentido cierta curiosidad por un personaje muy conocido y famoso, alguien que parecía tenerlo todo, casas lujosas, más dinero del que nunca podría gastar, una familia y una carrera fabulosa, sin embargo se entregó a las drogas e incluso terminó suicidándose.

– Una de las razones –le dijo el Dr. Franks– es simplemente porque sintió que su vida carecía de propósito. No tenía ya significado alguno. ¿Ha oído usted hablar de Helen Keller?

– Sí. Justo hace una semana. Me dijeron que a pesar de ser ciega, sorda y muda, era muy feliz con su vida.

– Sí. ¿Y sabe usted por qué? –le preguntó el Dr. Franks– porque ella dio a su vida un significado. Cuando le preguntaron cómo se las arreglaba para ser tan feliz pese a sus limitaciones, respondió: "Muchas personas tienen una idea equivocada de lo que es la felicidad. La felicidad no se alcanza a través de la autocomplacencia, sino mediante la fidelidad a un propósito que valga la pena." El requerimiento más esencial del alma humana es la necesidad de que nuestra vida tenga un sentido, y ese sentido nos lo dan las metas.

Las metas crean un propósito y un significado. Con las metas sabemos donde vamos y vamos hacia algo. Sin metas la vida tiene muy poco significado y tendemos a vivirla aburridamente. En general la gente se siente motivada tan sólo por dos cosas, el dolor y el placer. Las metas hacen que la mente se centre en el placer, mientras que la ausencia de metas hace que la vida se enfoque en evitar el dolor. Las metas pueden incluso hacer más soportable el dolor.

– No estoy seguro de estar comprendiendo bien –dijo el joven–. ¿Cómo es posible que las metas hagan el dolor más soportable?

– Déjeme ver... sí, imagínese un terrible dolor abdominal. Un dolor agudo e intermitente que cada pocos minutos se hace sentir con más fuerza. Es tan fuerte que le hace gritar y llorar. ¿Cómo se sentiría?

– Muy mal, me imagino.

– ¿Y como se sentiría si el dolor fuera empeorando y viniendo cada vez con más frecuencia? ¿Se sentiría preocupado o emocionado?

– ¿Qué tipo de pregunta es esta? ¿Cómo puede alguien sentirse emocionado a causa de un dolor? ¡Tendría que ser masoquista!

– No. ¡Tendría que ser una mujer embarazada! Sufre el dolor, pero sabe que al final del dolor, tendrá un niño. Incluso puede desear que los dolores sean más frecuentes porque sabe que cada contracción la acerca al nacimiento de su hijo y también al final del dolor. Ese propósito y ese significado del dolor lo hace mucho más soportable.

Es el mismo motivo por el cual los tiempos difíciles son más soportables cuando sabemos que al final de ellos algo nos estará esperando. No hay ninguna duda de que el hecho de tener metas para vivir por ellas me dio la fuerza necesaria para sobrevivir, cuando de otro modo es casi seguro que habría puesto fin a mi vida. Desde entonces cada vez que veía a un compañero con aspecto desesperado le hacía la misma pregunta: "¿Qué es lo primero que harás cuando salgas de aquí?" y gradualmente su expresión comenzaba a cambiar, una pequeña luz brillaba en sus ojos y de pronto se daba cuenta de que tenía cosas por las que vivir, que tenía un futuro por el que luchar y que valía la pena hacer todo lo posible por sobrevivir cada día, sabiendo que la meta estaba cada vez más cercana. Y le diré algo más: ver a un hombre cambiar de un modo tan drástico y saber que uno ha jugado un pequeño papel en ese cambio es una sensación maravillosa. Así, hice que cada día mi meta fuera ayudar a todos los que pudiese ayudar.

Uno de los secretos que nos permiten sobrevivir en las peores épocas de nuestras vidas es el mismo que sirve para vivir intensamente la vida en los tiempos mejores. Y ese secreto es: las metas. Si las metas pueden dar al prisionero de un campo de concentración la voluntad necesaria para sobrevivir, ¡imagínese lo que harán por quienes viven en tiempos de paz!

Después de la guerra, participé en un interesante estudio que se realizó en la Universidad de Harvard. Preguntamos a todos los estudiantes que se graduaron en 1953 si tenían alguna meta o alguna ambición en sus vidas. ¿Qué porcentaje cree usted que tenía metas concretas?

– ¿El cincuenta por ciento de ellos? –preguntó el joven.

– ¡Menos de un tres por ciento! –dijo el Dr. Franks. Imagínese, ¡menos de tres de cada cien, tenían alguna idea de lo que querían hacer con sus vidas!

Se siguieron sus carreras durante los siguientes veinticinco años y se descubrió que el tres por ciento que habían declarado tener alguna meta poseían matrimonios más estables, mejor salud y una situación económica mejor que el restante 97%. Evidentemente sus vidas eran también, mucho más felices.

– ¿Por qué cree usted que el hecho de tener metas hace a la gente más feliz? –preguntó el joven.

– Porque no sólo extraemos energía del alimento que tomamos, sino también del entusiasmo, y el entusiasmo se logra teniendo metas, puntos a los que llegar, cosas que esperar. Una de las principales razones por las que muchas personas son infelices es simplemente porque sienten que sus vidas carecen de significado, que no tienen propósito alguno. Por las mañanas, no hay nada por lo que deban levantarse de la cama, pues carecen de metas que los inspiren, carecen de sueños. De este modo, se arrastran penosamente por la vida, sin dirección alguna.

– Si tenemos algo por lo que luchar –siguió el Dr. Franks,– el estress y las tensiones de la vida casi desaparecen. Se convierten en obstáculos que deben ser vencidos para alcanzar la meta. Por eso aconsejo a todos mis pacientes que aprendan la técnica de la mecedora.

– ¿La mecedora? –preguntó el joven.

– Es una técnica muy sencilla, en la cual uno se imagina que ha llegado al final de su vida y está sentado en una mecedora pensando en cómo vivió la vida y en los logros que consiguió en ella. ¿Qué le gustaría a usted recordar? ¿Qué cosas le gustaría a usted haber hecho? ¿Qué lugares le gustaría haber visitado? ¿Qué relaciones le gustaría haber tenido? Y lo más importante de todo, mientras está allí, sentado en la mecedora, ¿qué tipo de persona le gustaría a usted haber llegado a ser?

El joven tomó algunas notas. Eran preguntas muy importantes que él nunca se había hecho antes.

– Esta técnica le ayudará a crear metas a largo plazo. Luego se puede hacer lo mismo con las metas a corto plazo. Metas a cinco años, a un año, a seis meses, a un mes o incluso a un día. Yo aconsejo a mis pacientes que escriban todas esas metas y que las lean en cuanto se despierten por la mañana. De este modo, siempre tienen algo positivo por lo que levantarse y comenzar el día con emoción y entusiasmo.

– Lo probaré –dijo el joven–, siempre me cuesta mucho trabajo levantarme por las mañanas.

– También es buena idea leer sus metas durante el día y otra vez antes de dormirse, para que de este modo se impriman en la mente.

– ¿Y si cambio de opinión y resulta que de pronto ya no me interesa una de las que inicialmente había considerado como metas?

– Esa es una buena pregunta. La prioridad de nuestros valores en la vida se va modificando a medida que evolucionamos. Por eso la técnica de la mecedora debe hacerse con cierta frecuencia, al menos una vez al año. De este modo siempre tendremos metas con las que estaremos comprometidos y que darán un propósito y un significado a nuestras vidas, siendo algo que nos emociona y nos motiva.

Las metas son la base de nuestra felicidad. La gente con frecuencia cree que el confort y el lujo son requisitos para la felicidad, cuando en realidad todo lo que se necesita para ser feliz es algo con lo que estar entusiasmado. Este es uno de los más grandes secretos de la Abundante Felicidad. En una vida que carezca de propósito y de significado no puede haber felicidad duradera. Este es el poder de las metas.

– ¿Vio alguna vez más al anciano chino? –preguntó el joven.

– No. De hecho, durante algún tiempo estuve convencido de que había sido una alucinación. Una figuración de mi mente.

– ¿Por qué?

– Porque nunca antes lo había visto y nunca más lo volví a ver. Algunas veces el excesivo sol puede jugar malas pasadas a la mente. Pero poco después de la guerra descubrí que realmente existía.

– ¿Cómo?

– Recibí una carta de un joven. Un joven al que alguien le había dado mi nombre, se lo había dado... ¡el anciano chino!

Más tarde el joven resumió las notas que había tomado durante la entrevista.

*El quinto secreto de la Abundante Felicidad es: el poder de las metas*

Las metas dan a nuestra vida un propósito y un significado.

Teniendo metas, nos dedicamos a lograr el placer, más que a evitar el dolor.

Las metas nos dan un motivo para salir de la cama por las mañanas.

Las metas hacen que las épocas difíciles sean más llevaderas y que los momentos buenos sean todavía mejores.

La técnica de la mecedora es una buena ayuda para decidir cuales van a ser las metas de nuestra vida, a largo y a corto plazo.

Escribe tus metas y léelas,

– al despertarte por las mañanas
– en algún momento durante el día
– al acostarte por las noches.

Recuerda repetir la técnica de la mecedora al menos dos veces al año, para asegurarte de que tus metas siguen siendo lo que tú realmente quieres.

## EL PODER DEL HUMOR

– Al principio parecerá absurdo que reírse de los problemas pueda ayudar en algo, sin embargo es uno de los modos más efectivos para vencer las situaciones estresantes y para crear felicidad.

Al joven esta frase lo tomó totalmente por sorpresa. El hombre que tenía frente a él era Joseph Hart, de baja estatura pero fornido y como de unos cincuenta y cinco años de edad. El Sr. Hart era taxista y su nombre ocupaba el sexto lugar de la lista.

– Hace diez años –siguió el Sr. Hart– mi negocio se hundió. Todo fue bastante rápido. Perdí mi cliente más importante, algunos deudores liquidaron sus empresas sin pagar lo que me debían y de pronto me hallé sin salida. Vi cómo se perdía todo aquello por lo que había estado trabajando durante tantos años. Todo lo perdí.

Como podrá imaginar me sentí frustrado, triste y muy deprimido. Perdí todo el interés por la vida. Alquilé una habitación en el piso treinta del hotel Hilton, en el centro de la ciudad, y créame o no, estaba decidido a poner fin a mi vida.

El joven escuchaba atentamente el relato del Sr. Hart.

– Estuve sentado sobre el borde la cama una media

hora, con la cabeza entre las manos tratando de reunir el coraje suficiente para llevar a cabo lo que había planeado. Finalmente me levanté y caminé hacia la terraza. Justo al llegar al borde oí una voz a mi espalda. Me di la vuelta y vi que había entrado un empleado del hotel y que me preguntaba si estaba todo bien. Asentí con la cabeza y él se acercó a la terraza. Me preguntó si deseaba algo y le dije que no. Observó la vista que desde allí se apreciaba de la ciudad. Soplaba una fuerte brisa y respiró profundamente.

– ¡Qué día más maravilloso! –dijo.

– ¿Qué tiene de maravilloso? –murmuré yo– y entonces él me dijo algo que me causó el mismo efecto que si me hubieran echado encima un jarro de agua fría.

– Si intenta dejar de vivir unos días, ¡lo averiguará por sí mismo!

Mi tensión era tal que me puse a llorar frente a él. Me preguntó qué me ocurría y le dije que lo había perdido todo.

Me miró como sin entender y dijo:

– ¿Qué quiere usted decir? ¿Ve usted todavía?

– Por supuesto –respondí.

– Bien. Entonces es obvio que todavía tiene sus ojos –dijo. También puede hablar y oír y parece que también puede caminar, entonces, ¿qué es exactamente lo que ha perdido?

Le dije que había perdido todo mi dinero, que me habían quitado todo cuanto tenía.

– ¡Ah! –exclamó. ¡Entonces todo lo que ha perdido es su dinero!

Después me echó otro jarro de agua fría diciéndome:

– ¿Quien tiene más, un millonario con cáncer terminal o un hombre sano pero sin un centavo?

Entonces comprendí que tal vez yo había exagerado

mis problemas más allá de toda proporción. El empleado me explicó que muchas personas simplemente pierden la perspectiva de sus circunstancias y, con frecuencia, ese es el único motivo de su desgracia.

El hecho de hablar con él no solucionó ninguno de mis problemas, pero me ayudó a verlos de un modo distinto. Fue suficiente para hacerme pensar de un modo diferente sobre mi existencia y aunque nunca se lo dije, su sencilla sabiduría evitó que aquel día yo me quitase la vida.

Antes de marcharse me dio un lista de personas que según él me podrían ayudar a arreglar mi situación. Pensé que me prestarían dinero pero no fue así, me dieron algo mucho más valioso: los secretos de la Abundante Felicidad.

Y fue mediante esos secretos como gradualmente aprendí a reconstruir mi vida y a crear felicidad para mí mismo. Fueron muchas cosas las que tuve que aprender sobre mí mismo y sobre la vida: la importancia de la fe, de la actitud, de la salud física, del perdón y de las relaciones, pero de todas ellas la que yo más necesitaba aprender era... el poder del humor.

Hasta entonces yo había sido de esas personas que se toman todo con gran seriedad. ¡Y no es fácil ser feliz si uno nunca ríe!

– ¿No es eso poner el carro delante del caballo? –preguntó el joven. Tendemos a reír más y a tomarnos las cosas menos en serio cuando somos felices, pero la risa es una consecuencia de la felicidad, ¡no un medio para conseguirla!

– Tiene usted razón, la risa es un producto de la felicidad, pero también algo que *produce* una sensación de felicidad. ¿Sabe usted?, el proceso de la risa, y también de la sonrisa, libera en el cerebro ciertas substancias químicas que crean una especie de euforia. Diversas investigaciones han demostrado que al reír el nivel de las hormonas del estress –adrenalina y cortisona– en nuestra sangre baja, y como consecuencia de ello nos sentimos menos ansiosos y menos preocupados.

– ¿Entonces cómo es que muchos de los más grandes comediantes son individuos seriamente depresivos? –preguntó el joven.

– Nadie se deprime por reír demasiado –dijo el Sr. Hart–, lo que ocurre es que mucha gente utiliza instintivamente la risa y el humor como ayudas para afrontar su propia tristeza. Recuerde que el humor es sólo uno de los diez secretos de la Abundante Felicidad. Si queremos crear una felicidad duradera debemos incorporar todos ellos a nuestras vidas. Tratar de ser feliz utilizando tan sólo el poder del humor sería tan inútil como tratar de recuperar la salud solamente haciendo ejercicio, sin preocuparse para nada de la dieta, del descanso, del estress y de todos los demás factores que inciden en nuestra salud.

También se ha demostrado que la risa incrementa nuestro poder de concentración y nuestra capacidad para resolver problemas mentales. Investigadores de la Universidad de Maryland realizaron hace algunos años un experimento muy interesante. Tomaron dos grupos de personas y les dieron tareas semejantes: la solución de una serie de problemas idénticos. La única diferencia entre ambos grupos era que a uno de ellos se le mostró antes un vídeo educativo de 30 minutos de duración, mientras que al otro grupo se le mostró un programa humorístico también de 30 minutos. Por increíble que parezca, quienes habían visto el programa de humor resolvieron los problemas ¡tres veces más rápido que los del otro grupo!

El joven levantó la vista de sus notas:

El Poder del Humor

– Pero cuando alguien tiene un problema o se siente estresado, es muy poco probable que tenga ganas de reír, ¿o no?

– Por supuesto. ¡Pero ese es el asunto! Si lo hiciera, su situación mejoraría. No sólo se sentiría mejor y menos estresado, sino que también tendría más capacidad para resolver sus problemas. ¿Nunca le ha ocurrido enojarse o molestarse por algo y unas semanas después estar riéndose de ello con sus amigos?

– Sí, ¿no nos ocurre a todos?

– ¿Le preocupaba dicha situación cuando se estaba riendo de ella?

– No, por supuesto –sonrío el joven.

– ¡Ese es el asunto! –dijo el Sr. Hart. ¿Cómo podría preocuparle? Entonces, si antes o después nos vamos a reír de los problemas, ¿por qué no hacerlo antes en lugar de después?

– Entiendo lo que quiere decir, pero ¿cómo es posible reír de algo que nos está preocupando o molestando?

– El secreto está en *hallar* algo de lo que reírse. La mente lo es todo. Elegimos nuestros pensamientos y elegimos en qué nos vamos a concentrar. En lugar de centrarnos en "¿Qué es lo malo de esta situación?" podemos del mismo modo preguntarnos, "¿Qué tiene de gracioso esta situación?"

– ¿Y si no tiene nada de gracioso? –preguntó el joven.

– Entonces pregúntese: "¿Qué *podrìa* tener de gracioso esta situación?" Generalmente en todas las situaciones hay algo de lo que uno se puede reír, sólo es cuestión de buscarlo. Y si no encontrara nada gracioso en dicha situación, piense en otra cosa graciosa, pues por el simple hecho de reírnos, con frecuencia tenemos ya ganada la mitad de la batalla.

– Teóricamente parece lógico, pero en la práctica no siempre es fácil hallar el lado gracioso de todas las situaciones –insistió el joven.

– No todas las situaciones pueden generar risa –aceptó el Sr. Hart,– aunque la mayoría de ellas sí. Pero lo importante es que sólo verá el lado gracioso de una situación si lo busca. Recuerdo algo que me contaron de John Glenn, el primer astronauta norteamericano del proyecto Apolo. Cuando, el día del lanzamiento, John se disponía a entrar en el cohete, un reportero le preguntó: "John, ¿qué pasará si una vez en el espacio, fallan los motores y no puedes ya volver de regreso a la tierra?" John se giró, miró al reportero y le dijo, "¿Sabes? ¡Eso sí que me echaría a perder el día!"

Dudo que mucha gente haya tenido que pasar por situaciones tan estresantes como la que John Glenn vivía en aquellos momentos. Y probablemente la mayoría de nosotros nunca nos veremos en nada así. Pero si pudiéramos aprender a encarar los obstáculos de la vida con el mismo sentido del humor, seríamos mucho más felices.

Tras concluir felizmente la misión del Apolo, en una conferencia de prensa otro reportero le preguntó a John Glenn qué pensaba mientras estaba entrando de nuevo en la atmósfera de la tierra. "Lo que pensaba al entrar en la atmósfera de la tierra es que la cápsula en la que viajaba había sido fabricada por... ¡la compañía que presentó el presupuesto más bajo!"

Semejante pensamiento puede ser terrible, pero John venció sus miedos sirviéndose de su sentido del humor. Ello simplemente nos muestra que cualesquiera que sean los retos o los obstáculos con que nos enfrentemos en la vida, lo mejor que podemos hacer es preguntarnos: "¿Qué hay de gracioso en esta situación?" o "¿Qué podría haber de gracioso en ella?"

Un problema que tiene la mayoría de la gente es que se toman la vida demasiado en serio. Si simplemente nos detuviéramos un momento y nos preguntáramos: "¿Se notarán las consecuencias de esto dentro de diez años?". Si la respuesta es "no," ello indica que estamos tomando el asunto con demasiada seriedad. Es un poco como la fórmula anti–estress de dos pasos.

– ¿Qué fórmula es esa? –preguntó el joven.

– El primer paso es: no preocuparse por las cosas pequeñas.

El Sr. Hart hizo una pausa.

– ¿Y el segundo paso? –preguntó el joven.

– ¡Recordar que la mayoría de las cosas de esta vida son pequeñas!

Una mujer de 85 años que padecía una enfermedad terminal me entregó esta maravillosa prosa –dijo el Sr. Hart mostrándole un papel,– ¡encierra una gran sabiduría!

"Si tuviera que vivir mi vida otra vez, intentaría cometer más errores. No sería tan perfecta. Descansaría más. Sería más flexible. Me divertiría más de lo que me he divertido en ésta. De hecho, me tomaría muy pocas cosas en serio. Sería más loca. Sería menos higiénica.

Correría más riesgos. Viajaría más. Escalaría más montañas. Me bañaría en más ríos. Iría a más lugares en los que nunca hubiera estado antes. Comería más helados y menos judías.

Tendría más problemas reales, pero menos imaginarios.

¿Sabes? Yo he sido una de esas personas que viven

profilácticamente, sana y pulcramente hora tras hora y día tras día. ¡También he tenido mis momentos! pero si pudiera empezar de nuevo, tendría más momentos de esos, momento a momento.

Yo he sido una de esas personas que nunca van a ningún sitio sin un termómetro, una botella de agua caliente, un jarabe para hacer gárgaras, un impermeable y un paracaídas. Si tuviera que vivir de nuevo, la próxima vez mi equipaje sería más ligero.

Si viviese de nuevo en la primavera comenzaría a andar descalza antes y seguiría descalza hasta mucho más avanzado el otoño.

Si pudiera vivir otra vez asistiría a más fiestas, vería más atardeceres y jugaría con más niños.

Pero como ves, no voy a vivir otra vez."

El joven sonrió mientras lo leía.

– Tiene usted razón, su mensaje es maravilloso. ¿Puedo sacarle una copia?

– ¡Por supuesto! –dijo el Sr. Hart.

– Gracias por compartir todo esto conmigo. Me ha dado usted mucho sobre lo que tengo que pensar.

– Me alegro de haber sido de alguna ayuda –dijo el Sr. Hart. Pero antes de irse, ¿sabe usted cual era para George Burns el secreto de la felicidad?

– No.

– ¿El secreto de la felicidad? Muy sencillo –dijo Burns cuando le preguntaron–, un buen puro, una buena comida y una buena mujer – ¡o una mala, según la cantidad de felicidad que uno pueda aguantar!

Caminando ya hacia la puerta, el joven se volvió hacia el Sr. Hart.

– No me ha dicho usted como conoció al anciano chino que me dio su nombre.

El Sr. Hart sonrió.

– ¿No se lo he dicho? Era el empleado del hotel. Aquel día no le dije lo que tenía planeado hacer. A la mañana siguiente fui hasta la recepción para darle las gracias y decirle lo mucho que me había ayudado, pero allí nadie lo conocía.

– ¿Entonces nunca volvió a saber de él? –preguntó el joven.

– No, nunca –dijo el Sr. Hart con una sonrisa,– pero estoy seguro que él sí sabe de mí. Le dio mi nombre y mi teléfono, ¿no?

Aquella noche, el joven, antes de acostarse repasó sus notas.

*El sexto secreto de la Abundante Felicidad es: el poder del humor.*

El humor alivia es estress y crea sentimientos de felicidad.

La risa incrementa nuestro poder de concentración y aumenta nuestra capacidad para resolver problemas.

En cualquier experiencia, si buscas el lado gracioso, es casi seguro que lo encontrarás.

En lugar de centrarme en lo que una situación parece tener de malo, debo buscar su lado gracioso.

Seguir siempre la fórmula anti–estress de dos pasos:

– No preocuparse por las cosas pequeñas

– Recordar que la mayoría de las cosas.. ¡son pequeñas!

## EL PODER DEL PERDON

Al día siguiente el joven estaba sentado en el despacho de la séptima persona de su lista. Se trataba del Dr. Howard Jacobson, de 42 años, alto y musculoso, con cabello abundante y ojos azules. Era el cirujano jefe más joven que jamás había tenido el hospital de la ciudad. Su despacho estaba en la planta superior de un alto edificio. Dos de sus paredes eran de cristal, lo cual le proporcionaba una hermosa vista de toda la parte oriental de la ciudad.

– Conocí los secretos de la Abundante Felicidad hace casi 20 años, dijo el Dr. Jacobson.

– ¿Le sirvieron de ayuda? –preguntó el joven.

– ¡Una ayuda definitiva! –dijo el Dr. Jacobson. Cambiaron totalmente mi concepción de la vida. Hasta entonces yo nunca había sido feliz. Siempre "iba" a ser feliz más adelante. Inicialmente pensé que sería feliz al ir a la universidad, pero al llegar a ella nada cambió. Luego creí que sería feliz al graduarme como médico, pero tampoco fue así. Luego, cuando me convertí en cirujano. Cuando me casé y tuve hijos. Pero lo cierto es que, a pesar de tener éxito en la vida, una hermosa casa, una esposa y una familia adorable, nunca fui realmente feliz.

Mirando hacia atrás, creo que mis problemas comenzaron cuando a los diez años mi padre me mandó –contra mi voluntad– a un colegio interno. Mi madre había muerto en un accidente de coche el año anterior. Murió en el acto, según me dijo mi padre, quien escapó sin un solo rasguño. Creo que subconscientemente siempre lo culpé por el accidente y aunque es terrible admitirlo, comencé a odiarlo.

– ¿Por qué? –preguntó el joven.

– Supongo que pensé que me mandaba a un colegio interno porque no me quería o no quería tenerme en casa.

El Dr. Jacobson hizo una pausa y miró por la ventana.

– Viví con ese odio durante 15 años –dijo, y luego, bajando un poco la voz continúo. Es difícil ser feliz cuando uno lleva en su interior tanto odio y tanto resentimiento.

Un día en el aeropuerto, iba a dar una conferencia en otra ciudad, de pronto oí por los altavoces: "Dr. Jacobson, por favor, pase por información." Fui y me dieron un mensaje urgente: mi padre acababa de sufrir un infarto y estaba en la unidad de cuidados intensivos del hospital de la ciudad. Me senté y volví a leer el mensaje, confundido, sin saber qué hacer. Durante los últimos cinco años no había hablado con él.

Arrugué el papel e iba a tirarlo a la basura cuando de pronto alguien me preguntó si el asiento contiguo estaba libre. Levanté la vista y era... un anciano chino. Se sentó e inmediatamente comenzó a hablar. Me dijo que iba a ver a un amigo suyo que había perdido una pierna en un accidente de tráfico. Un coche pasó en rojo mientras él cruzaba la calle, destrozándole totalmente la pierna derecha. Tenía suerte de haber escapado con vida. Al parecer el conductor tenía mucha prisa y no vio al hombre que cruzaba tranquilamente la calle. "Odio a ese tipo de gente," dije, pero el anciano me miró horrorizado. "¿Por qué odiar a alguien que ha cometido un error?" "En un momento u otro de nuestras vidas todos cometemos errores. Si odia usted a todo el que cometa un error, tendrá que odiar a todo el mundo... incluido usted mismo."

Luego se giró hacia mí y sonriendo, me miró directamente a los ojos mientras decía, "En mi país tenemos un dicho: 'Quien no perdona no es feliz'"

– No siempre es fácil perdonar –argumenté–, depende de lo grande que sea el error.

– Si así fuera –dijo el anciano–, el cielo sería un lugar muy solitario.

Luego habló durante unos cuantos minutos más y mencionó las leyes de la vida y los secretos de la Abundante Felicidad. Yo nunca antes había oído nada semejante pero al escucharlo a él algo vibró en mi interior. Unos minutos después el anciano chino me dejaba del mismo modo que me había encontrado, mirando el papel que tenía en la mano. Pero ahora yo sabía lo que quería hacer.

Cancelé el viaje y fui directamente a visitar a mi padre al hospital. Estaba acostado, con tubos por todos lados y un monitor cardíaco junto a la cama. Fui junto a él, me senté en el borde de la cama e hice algo que no había hecho desde que era niño... tomé su mano. El siguió sin moverse, pues ni siquiera podía hablar y los médicos creían que tampoco oía. Me incliné sobre él y le susurré al oído, "Papá, soy yo, soy Howard." Entonces ocurrió la cosa más hermosa que he experimentado jamás. Una lágrima rodó por su mejilla y por vez primera en muchos, muchos años, lloré. Había llegado el momento de perdonar y de olvidar el pasado.

Durante las dos semanas siguientes lo visité cada día y aunque sus ojos permanecían cerrados, al yo sostener su mano sus párpados se movían un poco y él apretaba ligeramente mi mano. Finalmente, el milagro por el que yo había estado orando ocurrió. Un día llegué al hospital y lo encontré totalmente despierto y tomando una taza de té.

Nos abrazamos –algo que no hacíamos desde que yo era niño. Aquella tarde hablamos más de lo que habíamos hablado durante los últimos 15 años. Entonces me enteré cómo había sido el accidente en el que murió mi madre y por qué se me había enviado a un colegio interno contra mi voluntad. Un camión perdió el control sobre una placa de hielo y golpeó al coche de mi padre por el lado del pasajero, muriendo mi madre en el acto. No fue culpa de nadie, fue un accidente. Y aunque en aquel momento no lo demostró, mi padre quedó internamente destrozado. Al hablar de ello las lágrimas volvieron a sus ojos. Mi madre y él habían sido novios desde niños. Entonces pensé en todo el dolor que había debido pasar mientras yo pensaba sólo en mí mismo. El tenía entonces un empleo muy bien pagado, pero que le obligaba a viajar con frecuencia al Extremo Oriente y a América. Por ello pensó que en un colegio interno yo estaría mejor atendido y recibiría una educación más completa.

Se suele decir que el tiempo cura las heridas, pero no es así. Es cierto que el odio y la amargura se van diluyendo con los años, pero salvo que estemos decididos a perdonar, nunca abandonan totalmente al alma. No, la clave del perdón no está en el paso del tiempo, sino en la comprensión. Los indios sioux tienen una oración maravillosa:

Oh, Gran Espíritu, apártame de juzgar o criticar a otro, mientras no haya caminado en sus mocasines durante dos semanas.

Con frecuencia culpamos a otros, pero nunca podemos estar seguros de que en las mismas circunstancias externas e internas, nosotros reaccionaríamos de un modo diferente. Por ejemplo, yo nunca pensé en lo que tuvo que pasar mi padre debido a la muerte de mi madre, ni por qué insistió en que yo fuera a un colegio interno. Elegí verlo todo sólo desde mi punto de vista. Subconscientemente pensé que me mandaba a un colegio interno porque no me quería, cuando la realidad era justo lo contrario. Lo hizo porque pensó que era lo mejor para mí. También él había perdido a mi madre y sus obligaciones profesionales le impedían atenderme debidamente.

El joven pensó en su propia vida. En ella había muchas personas a las que debía perdonar. Rápidamente le vino a la mente su jefe, que siempre lo estaba presionando y también un amigo que hacía ya más de un año le había pedido dinero prestado sin devolvérselo hasta la fecha. De pronto pensó que nunca había considerado la situación desde el punto de vista de ellos.

– Puedo entender que cuando no ha habido malicia en el hecho, las cosas se deban perdonar, pero si alguien nos perjudica intencionalmente, ¿por qué hay que perdonarlo? –preguntó el joven.

– ¿Y por qué no?

– ¡Porque algunas cosas son imperdonables! –argumentó el joven.

– No esté tan seguro de ello –dijo el Dr. Jacobson. Tomemos por ejemplo quienes abusan sexualmente de los niños. Difícilmente se puede pensar en un delito más odioso y repugnante, ¿no es así?

El joven asintió con la cabeza.

– ¿Sabe usted que el 95 por cien de los violadores de

niños fueron a su vez violados siendo niños? ¿Está usted seguro de que si hubiera pasado lo mismo que ellos, no cometería los mismos errores?

– Supongo que no, pero no es tan fácil perdonar.

– Nadie ha dicho que sea fácil. Ya sabe lo que dicen: "Errar es de humanos, perdonar es divino." Pero sirve de mucha ayuda considerar las cosas desde el punto de vista de la otra persona. Y, ¿que ocurre si no es usted capaz de perdonar? ¿Quién sufre? ¿Quién debe soportar las úlceras de estómago y la presión alta? ¡Usted!

– No si antes se cobra la deuda. Incluso la Biblia dice, "ojo por ojo y diente por diente." ¿No es buena para el alma la venganza?

– La Biblia también dice, "Pon la otra mejilla" y "Deja la venganza a Dios." Si cada vez que se nos ofende buscáramos vengarnos, como dijo una vez Mahatma Gandhi, "El mundo entero terminaría ciego y sin dientes." La venganza no puede dar la paz, sólo alimenta más venganza. Es un círculo vicioso, que nunca termina.

Si su cuerpo está lleno de odio, ¿cómo puede haber en él lugar para el amor y la felicidad? El perdón libera a su alma del odio y crea espacio para que pueda entrar el amor.

El Dr. Jacobson caminó hasta el otro extremo de la habitación, donde había dos sillas de respaldo alto, apoyadas contra la pared.

– Es como estas dos sillas –dijo. Una de ellas es el amor y la felicidad, la otra el resentimiento y el odio. Y no puede llevar las dos al mismo tiempo.

– Bueno, se puede perdonar, pero no olvidar –insistía el joven.

– Eso no es perdonar. Perdonar es borrar todo, dejando la pizarra totalmente limpia. Es abandonar el odio y la

condena, como quien deja caer una pesada roca. Si se afe-
rra a la roca ella lo arrastrará. Déjela ir y no tendrá ya
ningún poder sobre usted. Finalmente será libre. Por eso
dijo Confucio: "Ser engañado o ser robado no es nada, salvo que uno siga recordándolo."

Todas las religiones del mundo hablan del poder del
perdón. ¿Cómo podemos esperar que Dios nos perdone si
nosotros no perdonamos a los demás? El hombre que no es
capaz de perdonar está quemando el puente sobre el cual
tendrá que pasar él mismo pues todos, alguna vez, necesitamos ser perdonados.

– ¿Cuantas veces se puede perdonar a alguien?

– Tantas veces como le ofenda o le perjudique.
Recuerde siempre que quien sufre por no perdonar es usted,
pues usted es quien carga con el odio y el resentimiento. El
perdón lo libera de todo eso. Por ello es tan importante, si
quiere usted ser feliz. Sólo abandonando toda condena y
todo resentimiento se puede experimentar la alegría y la
felicidad. Creo que, con el tiempo, todos pagaremos nuestras malas obras, ya sea en esta vida o en otra. Si hay alguna ley de la que se pueda estar seguro en este universo, es
la ley de causa y efecto, o como se dice: "Uno recoge lo que
sembró," nuestras acciones vuelven siempre a nosotros. Si
usted cree esto, comprenderá que no tiene sentido mantener
amarguras ni odios. Por supuesto, no estoy seguro de que el
universo funcione de ese modo, tal vez yo esté equivocado,
pero he elegido creer en ello y así soy más feliz.

¿Sabe a quien le va a costar más trabajo perdonar?
¿Hacia quién le resultará más difícil sentir compasión?

– No.

– ¡A usted mismo!

– ¿Qué significa eso? ¿Por qué no tendría yo que querer perdonarme a mí mismo?

– Cada vez que cometa un error del cual luego se lamente, debe recordar que todos somos seres humanos y que la mayor parte del tiempo tratamos de hacer las cosas lo mejor que podemos. Pero somos humanos y los humanos cometen errores. Todos hacemos cosas de las cuales luego nos avergonzamos y desearíamos poder cambiar.

De vez en cuando es bueno sentarse y verse a uno mismo como cuando era un niño pequeño. Sea amable con ese niño. ¿Cómo podrá ser feliz si no se ama y se respeta a sí mismo? Si Dios le perdona, ¿por qué no se perdona usted también? Un antiguo proverbio dice: "El sabio se cae siete veces cada día, pero se levanta otras siete!"

– Nunca antes lo había considerado de este modo –dijo el joven. Suena lógico, pero no parece que sea un sendero muy fácil de seguir. Todo lo que puedo hacer es intentarlo.

Antes de acostarse aquella noche el joven releyó sus notas:

*El séptimo secreto de la Abundante Felicidad es: el poder del perdón*

El perdón es la llave que abre la puerta de la Abundante Felicidad.

Mientras tenga resentimientos y odio me será imposible ser feliz. Nadie sufre por mi amargura, sólo yo.

Los errores y los fallos son lecciones de la vida. Perdónate a ti mismo y perdona a los demás.

Recuerda la oración sioux:

"Oh Gran Espíritu, apártame de juzgar o criticar a otro, mientras no haya caminado en sus mocasines durante dos semanas".

## EL PODER DEL DAR

Dos días después, el joven se hallaba sentado en la galería que dominaba la piscina del centro deportivo municipal, esperando a la siguiente persona con la que se iba a entrevistar, su nombre era Peter Tansworth. La galería estaba vacía pero hasta el joven llegaban los gritos y las risas de los niños que se encontraban en la piscina.

– ¡Hola! ¿Es usted la persona con quien hablé por teléfono? –le gritó un hombre desde la orilla del agua.

– ¿El Sr. Tansworth?

– Yo soy –dijo sonriendo el hombre del traje de baño brillante.

– En breve estaré con usted. Dentro de diez minutos o así. Ya estamos terminando.

– Muchas gracias.

La escena le pareció al joven muy común. A primera vista no había nada raro en ella. Un grupo de unos 20 niños, disfrutando de su clase de natación. Pero a medida que los pequeños comenzaron a salir del agua el joven observó que a un niño le faltaba un brazo, otro no tenía piernas. Al seguir mirando se dio cuenta de que todos aquellos niños eran disminuidos físicos.

Unos minutos después el Sr. Tansworth llegó a la galería.

– ¡Hola! Mucho gusto en saludarle –dijo sonriendo mientras le estrechaba la mano al joven.

El Sr. Tansworth estaba ligeramente bronceado y poseía unos ojos grandes y sonrientes. El joven le relató su encuentro con el anciano chino y las entrevistas que ya había tenido con otras personas de la lista.

– Cuando conocí al anciano chino, hace ya casi cinco años, también resultó ser un punto crucial en mi vida –dijo el Sr. Tansworth. Entonces yo era el dueño de una importante empresa de informática. El negocio me iba muy bien. Ganar dinero había sido siempre mi primera finalidad en la vida y cuando cumplí los 35 años era millonario... pero también infeliz.

– ¿Por qué? –preguntó el joven.

– Como usted sabe alguien escribió: "¿De qué le sirve al hombre ganar el mundo entero, si pierde su alma?" Esta frase resume lo que era mi vida entonces. En mi carrera hacia la cúspide había ido perdiendo todas las cosas que realmente me importaban: mi esposa se había divorciado de mí. Tenía muy pocos amigos y cada día era simplemente una lucha por ganar más dinero del que nunca podría gastar.

Recuerdo que una Navidad me sentí tan desgraciado que me compré un Rolex para animarme. Me costó 5.000 libras y durante un momento me sentí orgulloso de mi adquisición. Pero media hora después aquella sensación me había abandonado ya y otra vez me sentí tan desgraciado como antes. Mirando hacia atrás, no puedo imaginar cómo pude creer que un reloj me haría feliz. Era como la mayoría de los demás relojes, todo lo que hacía era dar la hora.

Recuerdo muy bien aquel día, era el día de Nochebuena... las calles estaban llenas de gente y yo me senté en un banco de un centro comercial, mirando al frenético bullicio de la gente. Aunque estaba sentado entre miles de personas que pasaban junto a mí, nunca me había sentido tan solo. Aquella terrible sensación de soledad me hundía.

La Navidad puede ser un momento del año muy bonito, pero también puede ser una época solitaria y desgraciada. Cada año, cientos de miles de personas se sienten desgraciadas: aquéllos que no tienen familia o amigos, dinero, comida o casa. Para ellos Navidad es sólo un momento en el cual sus carencias parecen todavía mayores. Aquel día pude entrever lo desgraciada y solitaria que puede llegar a ser la vida, pero entonces ocurrió algo que cambiaría para siempre mi destino.

– ¿Qué fue? –preguntó el joven.

– ¡Se sentó a mi lado un anciano chino!

– El joven sonrió.

– El chino se volvió hacia mí y me dijo: "¿Sabía usted que el único momento durante los cuatro años que duró la primera guerra mundial, en que los soldados dejaron sus armas e hicieron la paz fue en la Navidad de 1914?" Yo no tenía la menor idea, ni tampoco el más mínimo interés en ello, pero sin embargo él continuó: "Los soldados ingleses y los alemanes salieron de sus trincheras y se felicitaron en tierra de nadie, compartiendo sus alimentos y su bebida."

El Sr. Tansworth hizo una pausa y luego añadió,

– Parece increíble, ¿no?

– Sí. Supongo que sí –asintió el joven.

– Luego el anciano siguió: "Durante todo el año la gente busca la felicidad en el tener, en el adquirir y en que los demás los sirvan, pero tiene que llegar un momento como la Navidad para recordarnos que la verdadera felicidad sólo se encuentra en el dar y el servir."

Las palabras del anciano chino me hicieron pensar en mi vida. Yo siempre había creído que uno es feliz adquiriendo cosas. Adquiriendo más dinero, un trabajo mejor, una casa más grande y un coche más rápido. Pero el hecho era que a pesar de haber adquirido todo lo que me había propuesto adquirir, seguía siendo desgraciado.

– Mantuve una larga conversación con el anciano y esa fue la primera vez que oí hablar de los 10 secretos de la Abundante Felicidad. A través de él conocí a algunas personas maravillosas que compartieron conmigo esos secretos y me ayudaron a enriquecer mi vida. Pero hubo un secreto que fue especialmente importante para mí... el secreto del dar.

Es increíble pensar que una de las cosas que más deseamos en esta vida, la felicidad, podamos obtenerla del modo más fácil... dándola. Esta es una de las leyes más mágicas de la Naturaleza: cuanto más da uno, más recibe. Es como sembrar. Por cada semilla que siembre, recibirá cien.

– ¿Cómo es posible dar algo que no se tiene? –preguntó el joven.

El Sr. Tansworth sonrió.

– ¡Esa es su gran belleza! Se consigue, al darla. Cuando usted da felicidad, instantáneamente la recibe de vuelta. Es como el perfume.

– ¿El perfume? –preguntó el joven.

– Sí. Es imposible echárselo a otros sin que le caigan también a usted algunas gotitas. Veamos por ejemplo la sonrisa. Si usted sonríe a alguien, invariablemente la otra persona le sonreirá a usted. La felicidad es como un boomerang, cuanto más da, más regresa hacia usted.

Estoy seguro que podrá usted recordar algún momento en el cual hiciera algo por alguien sin esperar nada a cambio, aunque fuera algo muy simple, como indicar una dirección a alguien que se ha perdido, ayudar a un ciego a cruzar la calle o simplemente acordarse del cumpleaños de un amigo. O felicitar sinceramente a otro, mostrarle su aprecio y darle las gracias.

– Sí, por supuesto –asintió el joven.

– ¿No le hizo ello sentirse bien? No porque la persona se mostrara agradecida, sino simplemente porque uno se siente bien cada vez que ayuda en algo a otro ser humano.

El joven recordó un suceso que le había ocurrido hacía algunos años. Una señora extranjera se le acercó preguntándole por una dirección. El lugar que ella buscaba estaba como a unos tres kilómetros de distancia. Era en pleno invierno, estaba nevando y la mujer temblaba de frío. Imposible que ella sola pudiera llegar hasta allí con tan mal tiempo. De modo que la llevó en el coche hasta donde ella quería ir. Ahora, mirando hacia atrás, recordaba lo bien que se había sentido aquel día.

– ¿Sabe usted? En el fondo los seres humanos no somos egoístas. Somos capaces de hacer por otros mucho más de lo que haríamos por nosotros mismos. La mayoría de los padres, por ejemplo, sacrifican con gusto su propia comodidad por sus hijos.

– Aquél día, en el centro comercial, después de hablar con el chino pasé por delante de un grupo humanitario que estaba cantando villancicos. Frente a ellos un gran cartel decía: "Ayuda a los que no tienen casa en esta Navidad." Casi sin pensarlo fui a la tienda y devolví el Rolex. Al regresar entregué a la persona que recogía las contribuciones un cheque por 5.000 libras. Nunca olvidaré el asombro y la gratitud que se reflejaron en el rostro de aquella mujer. Las lágrimas llenaron sus ojos mientras mostraba el cheque a una compañera. "Esto va a hacer que todo sea diferente," dijo. "Muchas gracias y que Dios le bendiga." Entonces comencé a entender lo que me había dicho el anciano, pues recibí más placer al dar aquellas cinco mil libras y saber que iban a suponer una diferencia, aunque pequeña, en las vidas de otras personas, del que habría recibido llevando el reloj durante todo el resto de mi vida.

Recuerdo que hace algunos años leí sobre un padre que quería enseñarle a su hijo el valor del dar, a una edad muy temprana. Era el sexto cumpleaños del niño y su abuela le había regalado una gran cantidad de globos de colores llenos de helio. Después de la fiesta, el padre le dijo al niño que sabía cómo podían pasarlo muy bien con los globos... ¡dando algunos a otras personas! Huelga decir que el niño no se mostró demasiado entusiasmado con la idea, pero el padre le aseguró que lo iban a pasar muy bien, hasta que finalmente, aunque con grandes dudas, el niño aceptó.

Fueron a un asilo de ancianos y el niño entró en el salón llevando en la mano los hilos de los 20 globos de helio, seguidamente dio un globo a cada una de las personas que allí había. De pronto todos se pusieron a reír y a hablar entusiasmados. Una anciana que no había tenido visitas durante los últimos tres años lloraba de emoción. Fue como si el niño hubiera accionado el interruptor, iluminando de pronto todo el lugar. Le dijeron lo maravilloso que había sido al acordarse de ellos y pronto todos estaban riendo y queriéndolo abrazar. El niño disfrutó tanto cada minuto de aquél suceso, que en el camino de vuelta a casa le preguntó a su padre cuando podrían volver a hacerlo otra vez. Aquella fue una lección que jamás olvidaría. A partir de entonces buscó la oportunidad de dar, en lugar de sólo retener.

– Es un relato muy bonito –dijo el joven.

– Permítame que le cuente otro que a mí me emociona de un modo muy especial –dijo el Sr. Tansworth. Hace algunos años conocí a un hombre llamado Paul que me contó cómo había aprendido el poder del dar, siendo estudiante universitario. A Paul, su hermano mayor le había regalado un coche nuevo el día de su 18 cumpleaños y naturalmente lo llevó a la facultad para enseñárselo a sus compañeros. Los jóvenes daban vueltas alrededor del flamante coche admirando todos sus detalles. "¿Qué os parece?", preguntó Paul. "¡Es fantástico!", respondió un muchacho bastante más joven que los demás, "¡Fantástico!". Cuando Paul le explicó que era un regalo de cumpleaños de su hermano mayor el niño se mostró anonadado, "¿Tu hermano te lo ha regalado?", preguntó. "¡Oh! ¡Cómo me gustaría..." Paul sabía lo que el niño iba a decir: "Como me gustaría tener un hermano así." Pero lo que dijo fue algo totalmente diferente, hasta tal punto que sus palabras se le quedaron a Paul grabadas para todo el resto de su vida. El muchacho dijo: "¡Cómo me gustaría poder *yo ser* un hermano como el tuyo!"

A Paul le emocionaron tanto las palabras del niño que le ofreció dar una vuelta en el coche a la hora de la comida. El joven no podía ocultar su emoción y le preguntó a Paul si podía parar un momento frente a su casa. Paul sonrío para sí. Pensó que sabía lo que el niño quería, quería que sus amigos y vecinos vieran que llegaba a casa en un coche nuevo.

Diez minutos después se detenían frente a su casa y éste corrió adentro. Al momento salió empujando a un niño pequeño en una silla de ruedas. "¡Oh!", exclamó el niño con los ojos muy abiertos. Entonces ocurrió algo que hizo que los ojos de Paul se llenaran de lágrimas. El joven dijo a su hermano pequeño: "Algún día, Sam, te voy a comprar un coche igual que este." Al oír esto Paul dijo, "Sam, ¿quieres tú también venir a dar una vuelta en mi coche?". Entre los dos subieron al coche al niño paralítico y fueron los tres a dar un paseo. Aquel día, el orgulloso dueño del coche nuevo entendió por primera vez en su vida por qué está escrito: "Es mayor la bendición de quien da, que la de quien recibe."

– De este modo –dijo el Sr. Tansworth–, dando a los demás, no sólo apartamos la mente de nuestros problemas. Para mí es el más importante de los secretos de la Abundante Felicidad: todo lo que hay que hacer para traer felicidad a nuestras vidas es darla a otros.

Por eso siempre busco lugares y gente a los que pueda dar una ayuda, no sólo dinero, sino también tiempo. Ahora he tomado este trabajo en el que enseño a nadar a niños con deficiencias físicas. Me hace muy feliz contribuir a que sus vidas sean un poco más felices. No creo que pueda haber ninguna felicidad mayor que la que se obtiene cuando podemos ayudar o dar felicidad a otro ser humano.

En el camino hacia su casa el joven pensó en lo que el Sr. Tansworth había dicho en relación con su propia vida. Durante los años pasados, había estado tan involucrado en sus propios problemas que no se había preocupado por los de los demás. Nunca se le ocurrió pensar que el hecho de mostrar consideración hacia los demás y dedicar algún tiempo a hacer algo por ellos, especialmente por aquéllos más cercanos, le habría beneficiado a él más que a ningún otro.

Al llegar a casa resumió sus notas.

*El octavo secreto de la Abundante Felicidad es: el poder del dar*

La felicidad no se halla en tener ni en adquirir para nosotros mismos, sino en dar y ayudar a los demás.

Cuanta más alegría y felicidad damos, más recibimos.

Cada día puedo crear felicidad en mi propia vida, buscando la forma de dar felicidad a los demás.

El Noveno Secreto

## EL PODER DE LAS RELACIONES

Dos días después, el joven se encontró con la siguiente persona de la lista en un café del centro. Ed Hansen vivía solo en un pequeño apartamento situado en la parte oriental de la ciudad. Pero no siempre había estado solo. En una época vivió en una casa con jardín y cuatro habitaciones, junto con su esposa y sus dos hijos, pero de eso hacía ya mucho tiempo. Fue antes de que comenzara a beber.

– No me puedo quejar –le decía el Sr. Hansen al joven–, ni le puedo echar la culpa a nadie más que a mí mismo. La verdad es que estoy agradecido por haber tenido una segunda oportunidad. Hace ya diez años que no bebo.

– ¿Cómo comenzó todo? –preguntó el joven.

– Hace ya muchos, muchos años. El estress y las tensiones del trabajo, las preocupaciones, la ansiedad, usted ya sabe. Una noche, después del trabajo me detuve en un bar para tomar una copa con algunos compañeros. Simplemente fueron unos vasos de vino, que me quitaron la tensión y me sentaron muy bien. De echo me sentaron tan bien que al día siguiente volví otra vez. Cuando me quise dar cuenta estaba ya tomándome una botella de vino cada noche después del trabajo y pronto se convirtieron en dos o tres. No

115

hizo falta mucho tiempo –unos meses tal vez– para que comenzara a beber también durante el día. Como se podrá imaginar, mi vida se hizo pedazos. En el trabajo tuve problemas y pronto me despidieron y mi mujer tomó a los niños y se fue. Incapaz de pagar los gastos de la casa, a los pocos meses la perdí. Desde entonces viví en las calles.

El relato del Sr. Hansen impresionó al joven. Nunca había conocido a nadie que hubiera vivido en las calles. Subconscientemente siempre pensó que quienes vivían de ese modo eran otro tipo de gente, diferentes a él mismo y a los demás, sin embargo el Sr. Hansen parecía muy normal. Se dio cuenta de que cualquiera que se sintiera desesperadamente infeliz y no fuera capaz de afrontar los problemas o la tensión de cada día, podía muy fácilmente caer en la misma situación.

– ¿Cómo logró enderezar su vida?

– No fue fácil. Y me ayudaron mucho. En aquel entonces jamás hubiera yo admitido que necesitaba ayuda, pero la necesitaba y de un modo desesperado. Me sentía atrapado, totalmente impotente. Una noche de invierno, el frío era tan intenso que ni siquiera el alcohol lograba disminuir el dolor que me causaba en todo el cuerpo. Pensé que finalmente iba a morir. Hacía tres días que no comía nada. Allí, acostado sobre los cartones y temblando, todo lo que podía hacer era rezar para que mi final fuera rápido y no demasiado doloroso.

Lo siguiente que recuerdo es que alguien se detuvo frente a mí. La noche era tan obscura que no pude ver de quien se trataba, pero su voz era suave y amable. Me dijo, "Ven conmigo, Ed, ya es tiempo de que dejes todo esto," y me tendió su mano. Yo pensé que tal vez me había muerto ya, pues en el momento en que su mano me tocó, todos los dolores de mi cuerpo desaparecieron. Me llevó por algunas calles y unos minutos después nos detuvimos frente a un gran edificio. Entonces lo miré y vi que era un anciano chino. Me dio un trozo de papel y me dijo: "Aquí empieza tu nueva vida Ed, vívela bien." Miré al papel que me acababa de entregar y cuando levanté la vista ya se había ido.

El joven ya había sospechado quien podía ser el misterioso redentor de Ed, pero ello no evitó que de pronto sintiera algo en su garganta y los ojos se le pusieran vidriosos.

– Dentro del edificio se estaba celebrando una reunión –continuó el Sr. Hansen–, una reunión de "Alcohólicos Anónimos." Pero había calefacción y hasta mí llegaba un maravilloso aroma de café, por ello me quedé. Miré al papel que me había entregado el anciano y...

– En él había una lista de diez nombres –lo interrumpió el joven.

– Sí. Pero lo más sorprendente fue que el último nombre de la lista era el mismo que estaba escrito en la pizarra. Era precisamente la persona que estaba hablando en aquél momento, el Sr. John Mapland.

Al terminar la reunión fui hasta donde estaba el Sr. Mapland y le enseñé el papel. Entonces él puso su brazo sobre mis hombros y me dijo, "No te preocupes, Ed, aquí todos somos amigos. Si necesitas ayuda, este es el lugar adecuado, la vas a recibir." Aquella noche comencé a vivir de nuevo, justo como me había prometido el anciano chino. Pese a mi aspecto desastrado todos fueron muy amables. Por primera vez en mucho tiempo, alguien me escuchaba sin juzgarme ni criticarme.

Desde entonces asistí a las reuniones de AA y con tiempo, fuerza de voluntad y la gracia de Dios, dejé de beber. Fui conociendo a las otras personas de la lista y ellos me enseñaron y me inspiraron a vivir de nuevo, gracias a los secretos de la Abundante Felicidad. Todos los secretos me ayudaron de algún modo pero el que realmente me salvó la vida fue... el poder de las relaciones.

– ¿Las relaciones? ¿A qué se refiere? –preguntó el joven.

– A las relaciones amorosas e incondicionales. Sin relaciones la vida está vacía. Después de todo, la vida se hizo para que fuese una celebración y, ¿no le parece que una fiesta en la que sólo estuviera usted, no sería muy divertida?

El ser humano es una criatura social. Necesitamos hablar, comunicarnos, sentirnos queridos y necesarios. Todos nos necesitamos los unos a los otros. Incluso la Biblia lo dice: "No es bueno que el hombre esté solo."

Ahora, cuando miro hacia atrás, me doy cuenta de cómo en mi lucha por tener éxito en los negocios fui perdiendo a mi familia y a mis amigos. Tal vez ese fue uno de los motivos que me impulsaron a beber.

No sé mucho, pero sí sé que nunca hubiera sido capaz de vencer mis problemas sin el apoyo y el amor de un grupo de personas, que todas ellas entendían por lo que yo estaba pasando y que me aceptaban por lo que yo era, ofreciéndome su ayuda sin pedir nada a cambio. Algunas veces en la vida, uno se encuentra en un agujero tan profundo que sencillamente es imposible salir de él por sí mismo. En esos momentos es cuando se necesita que alguien tire de uno hacia arriba.

El Sr. Hansen hizo una pequeña pausa.

– Si me preguntara usted qué lecciones he aprendido en la vida, en el primer lugar de la lista estaría esta: la calidad de nuestras vidas es la calidad de nuestras relaciones.

– ¿En qué sentido? –preguntó el joven.

– La felicidad surge, en primer lugar, de su relación con usted mismo, pero luego, del amor y de la amistad que contengan sus relaciones con los demás. ¿Qué placer puede uno obtener si se ve obligado a hacerlo todo solo?

– Es cierto –dijo el joven–, el año pasado fui solo de vacaciones a las islas Seychelles y, aunque resultó maravilloso, faltó algo. No fue lo mismo que si hubiera tenido alguien con quien compartir todo.

– Exactamente –dijo el Sr. Hansen–, el hecho de tener al lado a otras personas a quienes se aprecia, hace que las experiencias buenas sean todavía mejores pero también hace que los momentos difíciles sean menos duros. ¿No ha notado usted que automáticamente se siente mejor después de haber contado a alguien sus problemas? Posiblemente no le den ningún consejo ni ningún tipo de ayuda tangible y usted siga con sus problemas, pero de algún modo, no se sentirá ya tan mal.

El joven asintió. En muchas ocasiones había comentado sus problemas a un amigo sintiéndose después mucho mejor.

– Pero algo de lo que tal vez no se haya dado usted cuenta –continuó el Sr. Hansen–, es de que tendemos a sentir más ansiedad, más preocupación y a deprimirnos y sentirnos más infelices cuando mantenemos nuestros problemas para nosotros mismos. Si nos guardamos los problemas para nosotros solos es muy posible que los veamos cada vez más grandes hasta que finalmente nos sintamos abrumados e impotentes ante ellos. El viejo dicho de que "dos cabezas son mejor que una" es totalmente cierto, no porque se dispone del doble de capacidad mental para aplicarla a la solución del problema, sino que por el simple hecho de compartir un problema, nos quedamos ya sólo con la mitad de él. Como dijo Lord Byron:

Todo lo que trae alegría debe compartirse,
la felicidad nació gemela.

Al joven le parecía todo bastante lógico. El siempre se había guardado sus problemas para sí. Aunque tenía una familia y buenos amigos, muy raramente trataba sus problemas con ellos. La verdad es que nunca le había resultado fácil desarrollar una relación.

– Todo eso está muy bien y lo entiendo perfectamente –dijo el joven,– pero a algunas personas les resulta más difícil que a otras relacionarse con los demás.

– Si usted encuentra difícil relacionarse, la vida le será difícil –dijo el Sr. Hansen.

– Sí –aceptó el joven–, pero siempre he sido un poco solitario. Nunca me fue fácil hacer amigos ni desarrollar relaciones estrechas.

– ¿No ha oído usted nunca la frase: "El pasado no es el futuro"?

– No.

– Quiere decir que, sólo porque algo ocurrió ayer, no tiene por qué volver a ocurrir otra vez mañana. El hecho de que usted haya tenido problemas con sus relaciones en el pasado no significa que va a tener el mismo problema en el futuro. Quizás en el pasado simplemente siguió usted un camino equivocado.

– ¿A qué se refiere? –preguntó el joven.

– ¿Qué es lo que hace que alguien le caiga bien o mal?

– No lo sé. Algunas veces congenio con una persona y otras no.

– Vamos a verlo de otro modo. ¿Se siente usted mejor con alguien que al hablar lo mira a los ojos o con alguien que evita el contacto visual?

– Con quien me mira a los ojos.

– Bien. ¿Se siente usted mejor con quien le da la mano de un modo firme o con quien le tiende una mano que parece un pez muerto?

– Con quien da la mano de un modo firme.

– Por supuesto. ¿Prefiere usted a quienes sólo hablan de sí mismos o a quienes también se interesan por los asuntos de usted?

– Prefiero a quien también se interesa por mí pero, ¿no es todo eso demasiado evidente?

– Tiene usted razón –dijo el Sr. Hansen–, es evidente pero, ¿hace usted conscientemente todas estas cosas cada vez que conoce a alguien? Le sorprendería descubrir cuanta gente hay que no lo hace, y luego se preguntan por qué les resulta tan difícil establecer relaciones con los demás.

El joven miró a lo lejos durante un momento.

– Tiene usted razón. Si quiere que le sea sincero, creo que nunca había pensado en ello.

– Y si queremos seguir manteniendo a los amigos tenemos que aprender a aceptarlos por lo que son, sin centrarnos en lo que consideremos sus defectos. En lugar de ello deberemos enfocarnos en sus cualidades positivas o admirables. Cuando cometan algún error debemos estar dispuestos a perdonarlos, al igual que nos gustaría que ellos nos perdonaran a nosotros.

– Sí –dijo el joven–, la semana pasada mantuve con alguien una larga charla sobre el perdón.

– El perdón es muy importante para ser feliz –dijo el Sr. Hansen–, porque sin él terminaríamos solos y amargados.

121

Cuando valoramos nuestras relaciones, automáticamente tratamos a la gente de un modo distinto. Y cuando tratamos a los demás bien, ellos tienden también a tratarnos bien.

– Pero a pesar de todo, las relaciones no siempre son fáciles, ¿o sí? –preguntó el joven. En toda relación surgen problemas y desacuerdos.

– Por supuesto que sí. Pero yo descubrí una sencilla técnica que me ayuda mucho en todo lo referente a mis relaciones.

– ¿Qué técnica es esa? –preguntó el joven.

– Intento tratar a todo el mundo como si fuera la última vez que los voy a ver. ¿Se imagina usted cómo serían las relaciones con sus amigos, con sus compañeros de trabajo, con la familia o incluso con los desconocidos, si usted los tratara como si fuera la última vez que los ve?

El joven movió la cabeza.

– No estoy muy de acuerdo, –dijo.

– ¿Cómo se comportaría con su esposa o con su novia, si fuera la última vez que la va a ver? ¿La dejaría ir sin besarla o abrazarla?

– No.

– ¿Le diría "adiós" sin antes hacer las paces sobre alguna disputa pendiente?

– No.

– ¿La dejaría ir sin decirle todo lo que significa para usted?

– No.

– Y en lo que respecta a sus compañeros de trabajo, amigos y otros miembros de la familia, si usted supiera que no los va a ver más, ¿no intentaría que el tiempo que está con ellos fuera lo más memorable posible? ¿No haría todo lo que estuviera en su mano para evitar que le guardaran algún resentimiento o rencor?

El joven asintió. Las palabras del Sr. Hansen habían hecho vibrar en su interior una cuerda muy tensa. Trajeron a su memoria la última vez que vio a su madre. Era un caluroso día de verano y ella se iba de vacaciones al extranjero. El tenía mucha prisa pues unos amigos lo estaban esperando para jugar al tenis, de modo que la besó rápidamente en la mejilla. No sabía que nunca más la volvería a ver y esa fue su despedida final. Desde entonces había pensado muchas veces en ello. Era el momento de su vida que más lamentaba y así sería para siempre. Ahora sabía cómo evitar el mismo error con otras personas a quienes apreciaba y quería. Era muy sencillo. Como le dijo el Sr. Hansen: "Trátelos como si nunca más los volviera a ver."

– Muchas personas –dijo el Sr. Hansen–, simplemente no valoran sus relaciones. Yo, entre mi familia y mi trabajo elegí el trabajo, y de este modo los perdí a ambos. Otros eligieron el dinero y las posesiones en lugar de sus relaciones personales. Le sorprendería saber cuantos hermanos, hermanas, padres y hijos están deseando abalanzarse sobre el dinero. Sacrifican sus relaciones más cercanas y sin darse cuenta, también su felicidad.

Por la noche, el joven resumió las notas que había tomado aquel día.

*El noveno secreto de la Abundante Felicidad es: el poder de las relaciones.*

La calidad de mi vida es la calidad de mis relaciones.
Nadie es una isla. Todos necesitamos relacionarnos con los demás.

Las relaciones estrechas hacen que los buenos tiempos sean mejores y que los malos sean menos difíciles. Toda alegría compartida se multiplica por dos, sin embargo al compartir un problema éste se reduce a la mitad.

Trata a todos aquellos con quienes te encuentres como si fuera la última vez que los vas a ver.

## EL PODER DE LA FE

Pasó una semana antes de que el joven pudiera entrevistarse con la siguiente persona de su lista. Durante ese tiempo tuvo oportunidad de repasar y practicar algunas de las cosas que había aprendido. Hizo de la felicidad una prioridad y trató siempre de buscar los aspectos positivos de las situaciones difíciles. Comenzó también a utilizar el poder de su cuerpo, haciendo ejercicio con asiduidad y cuidando su dieta.

El secreto de vivir el momento le resultó muy práctico en el trabajo. Se dio cuenta de que avanzaba más. Hacía más trabajo que antes y mucho mejor. Además, con mucha menos tensión y menos preocupaciones. Incluso su jefe se dio cuenta de que la productividad del joven había aumentado y alabó sus esfuerzos. Cada día repetía afirmaciones positivas como ayuda para mejorar la imagen de sí mismo y también se hacía preguntas de poder cada mañana. Ahora se sentía mucho más entusiasta, con más ganas de enfrentarse a los retos del día.

Había ya utilizado la técnica de la mecedora, estableciendo las metas para toda su vida y también otras a más corto plazo. Las tenía escritas y las leía tres veces cada día para que se fueran imprimiendo en su mente. Se dio cuenta de que al tener cosas que conseguir y por las que luchar su energía y su entusiasmo eran mucho mayores.

También comenzó a tomarse a sí mismo mucho menos seriamente y a buscar conscientemente el aspecto gracioso de cualquier suceso, especialmente de las situaciones estresantes. Al mismo tiempo se aseguró de tratar a todos como si fuera la última vez que los fuera a ver, de este modo, se halló tratándolos con mucha mayor consideración que antes y ellos a su vez lo trataron a él del mismo modo. No dejó pasar la oportunidad de hacer saber a quienes le rodeaban –amigos, familia y compañeros de trabajo– cuanto los apreciaba.

Una de las cosas importantes que el joven descubrió fue que al buscar la forma de ayudar a los demás estaba difundiendo felicidad y al mismo tiempo la recibía. Se dio cuenta de que se sentía bien al hacer que otros sonrieran. La sensación de estar haciendo la vida de otra persona más agradable es muy agradable.

Por la noche adoptó la costumbre de perdonar a todos los que durante el día lo hubieran molestado. De este modo nunca más se durmió con sentimientos de amargura ni resentimiento.

No había la menor duda de que tenía mucha más energía, más entusiasmo y era más feliz de lo que nunca había sido. Ya no tenía duda de que los secretos de la Abundante Felicidad realmente funcionaban.

Se estaba preguntando a sí mismo, qué más le podría enseñar la décima persona de la lista. ¿Qué le faltaba todavía por aprender?

La Srta. June Henderson vivía en un pequeño apartamento de los suburbios, a unos kilómetros del centro de la ciudad. Era una mujer bonita, de unos cuarenta años, delgada, con cabello largo de color caoba y grandes ojos verdes.

– Entonces, ¿ha conocido usted al anciano chino?

– Sí, hace unas semanas. Apareció justo cuando se me había averiado el coche.

– Es asombroso, ¿verdad? Cuando uno menos se lo espera, ocurre algo maravilloso.

– Sí. Supongo que sí –dijo el joven.

– Es lo que se llama el principio de la hora once. ¿Ha oído usted hablar de él?

– No –contestó el joven negando con la cabeza.

– Se trata simplemente de que al igual que la noche es generalmente más fría y más obscura cuando ya va a amanecer, muchas veces ocurre algo espectacular en el momento en el que las cosas parecen más negras.

El anciano chino siempre aparece en la hora once.

– Supongo que así es –dijo el joven.

– Cuando yo lo conocí, era muy desgraciada.

– ¿Por qué? –preguntó el joven.

– Hacía un mes que había muerto mi madre. Lo recuerdo todavía como si hubiese ocurrido ayer.

– Lo siento –dijo el joven.

– Yo tenía entonces 21 años y acabada de terminar mis estudios. El impacto que para mí tuvo su muerte fue terrible. Mi madre, pese a fumar mucho, siempre había disfrutado de muy buena salud, pero tarde o temprano eso se paga. Murió repentinamente, de un infarto, estando de vacaciones.

Un día estaba yo sentada en la terraza pensando en ella. No sé el tiempo que llevaría allí cuando de pronto sentí que no estaba sola. En el balcón del apartamento vecino había un anciano chino, nuestros ojos se encontraron y él me sonrió y me dijo "¡Hola!" Seguidamente empezamos a hablar. Todo fue muy raro. Nunca antes lo había visto pero me sentía como si nos conociéramos de mucho tiempo atrás.

El joven recordó que también él se había sentido muy bien contándole al anciano detalles íntimos de su vida, a los pocos minutos de conocerlo.

– El anciano era muy sabio y muy amable –siguió la Srta. Henderson–, parecía saber lo que me ocurría y fue él mismo quien trajo a la conversación el tema de la muerte. Me dijo que en su país la muerte es un motivo de celebración, no de pena.

– ¿Cómo puede ser un motivo de celebración el hecho de perder a un ser querido? –preguntó el joven.

– Esa misma pregunta le hice yo –dijo la Srta. Henderson–, y entonces él me explicó la regla de oro de la felicidad.

– Oh Sí. También me la dijo a mí –recordó el joven. "Nuestros sentimientos dependen de nuestras actitudes y nuestras creencias, no de las circunstancias externas."

– Exactamente –dijo la Srta. Henderson sonriendo. El anciano me explicó que en su país se cree que la vida comienza mucho antes de nuestro nacimiento. Este mundo es simplemente como una escuela, a la que venimos a aprender ciertas cosas y de la que nos vamos cuando ya estamos listos. De este modo, cuando alguien muere, su alma continúa el viaje. Todas las grandes religiones comparten la creencia de que, aunque el cuerpo muera, el espíritu sigue viviendo y que en otro tiempo y otro lugar nos encontraremos otra vez con nuestros seres queridos. Incluso la Biblia describe a la muerte como un "sueño" del que un día despertaremos.

La Srta. Henderson señaló una placa que colgaba de la pared, a un lado del joven.

– Encontré esas palabras en un cementerio, grabadas en la losa de un tumba que tenía más de 300 años. La placa decía:

"Existe la antigua creencia
de que en algún solemne lugar
más allá de la esfera del pesar
los seres queridos se reunirán de nuevo."

– Para quien crea que la muerte es una separación completa y definitiva, la pérdida de un ser querido debe ser horrible. Sin embargo si pensamos que es tan sólo una separación temporal, y que el alma sigue viviendo, no es ya tan dramático.

– Pero aunque se trate tan sólo de una separación temporal, no definitiva, cualquier separación es triste ¿no cree usted? –preguntó el joven.

– Sí, incluso una separación temporal puede ser muy triste –asintió la Srta. Henderson– aunque en algunas religiones orientales se alegran cuando alguien muere pues creen que el alma del ser querido ha regresado finalmente a su verdadero hogar, que ha ido a un nivel más elevado de aprendizaje. Pero aquel día, el hecho de hablar con el anciano chino hizo mucho más que ayudarme a soportar mi pena, me hizo reconsiderar todas mis creencias.

– ¿En qué sentido? –preguntó el joven.

– Tal vez no lo crea pero yo era una persona que se preocupaba por todo. A los doce años ya me preocupaba el hecho de que ¡un día tendría que morir! ¿Se imagina? Me preocupaba por todo, por las cosas que había hecho o dicho, por lo que tenía que hacer, por lo que había salido mal y por lo que pudiera salir mal. Y si no tenía nada por lo que preocuparme, me preocupaba pensando que ¡debería estar preocupada por algo!

El joven la comprendía perfectamente. El mismo había pasado la mayor parte de su vida preocupado por un asunto u otro –las fechas en las que tenía que entregar un trabajo, las facturas pendientes, la salud–, siempre temía que algo pudiera no salir bien.

– Mientras estaba allí sentada, hablando con el anciano –siguió la Srta. Henderson– me di cuenta de lo insignificantes que eran la mayoría de las cosas por las que siempre me había preocupado. Ante la muerte de la persona más cercana a mí, todas las preocupaciones por las cuentas pendientes, la hipoteca, los exámenes, el trabajo... todo se había vuelto insignificante.

El anciano me habló de los secretos de la Abundante Felicidad y debo decirle que esos secretos cambiaron totalmente mi vida. Fueron una verdadera revelación. Nunca antes había pensado que yo misma era el arquitecto de mi felicidad o de mi desgracia. Por ejemplo, aprendí la importancia que tienen mis actitudes y mis creencias, el efecto de mi cuerpo sobre las emociones, el poder de una imagen propia fuerte, lo necesario que es tener unas metas y tener sentido del humor y aprendí a valorar cada día y a tratar de vivir en el momento presente. Pero el secreto que yo más necesitaba y que por ello tuvo un efecto más profundo sobre mi vida fue... el poder de la fe.

– ¿La fe? –repitió el joven. ¿Qué tiene que ver la fe con la felicidad?

– Simplemente para vivir, todos necesitamos una cierta cantidad de fe, cuanto más para ser felices –respondió la Srta. Henderson–, déjeme ponerle un ejemplo, ¿conduce usted?

– Sí.

– ¿Cómo sabe usted que puede estar tranquilo mientras va en su coche?

– Lo llevé a pasar la revisión el mes pasado.

– ¿Cómo sabe usted que el mecánico hizo debidamente su trabajo?

– No lo sé con seguridad pero...

– Es decir, que tiene usted fe en el mecánico. Y mientras va conduciendo, ¿cómo puede estar seguro de que no va a tener un accidente?

– Voy con todo cuidado –respondió el joven.

– Es decir, que tiene fe en su habilidad para conducir. Eso está bien, pero es muy posible que los otros conductores no sean tan cuidadosos, ¿no cree?

– Es posible –admitió el joven–, pero creo que la mayoría de la gente conduce con cuidado.

– Es decir, que también tiene fe en los demás conductores. ¿Se da cuenta? Tan sólo para conducir un coche necesita usted tener fe en la gente que construyó el vehículo y en quienes lo han revisado, en los demás conductores que en ese momento están en la carretera y en usted mismo. Imagínese cuánta más fe tendrá que ser necesaria para vivir, si no queremos vivir constantemente en la ansiedad y el miedo.

– Entiendo lo que quiere decir –respondió el joven.

– Pero hay una fe que es la que más necesitamos –dijo la Srta. Henderson–, y es la fe en Dios, en un Poder Superior, en la Fuerza Universal, no importa cómo le queramos llamar.

– ¿Me está usted diciendo que para ser felices necesitamos tener fe en Dios?

– No digo que no se pueda ser feliz sin tener fe en Dios, pero sí le aseguro que sin ella es muy difícil lograr una felicidad duradera. La fe es la base de la Abundante Felicidad. Imagínese dos personas que se construyen cada uno de ellos una casa. Uno construye su casa sobre la roca y el otro sobre arena. Mientras el tiempo es favorable ambos están felices con sus casas, pero en cuanto llegó la tormenta la casa que había sido construida sobre la arena se derrumbó. La fe es la roca sobre la que se construye la felicidad duradera. La fe vence a todas las adversidades y da esperanza y ánimo a aquellos que la tienen.

William James escribió: "La fe es una de las fuerzas por las que vive el hombre y la ausencia total de fe es sinónimo de colapso." Y Mahatma Gandhi dijo en una ocasión: "Sin fe, haría ya mucho tiempo que me hubiera vuelto loco." Sin fe en un Poder Superior, la vida se convierte en un conjunto de dudas, ansiedad y miedo. Diversos estudios psicológicos han demostrado que la gente con una fe religiosa fuerte sufre menos depresión, padece menos desórdenes relacionados con el estress y soporta mucho mejor las desgracias. Déjeme enseñarle esto.

Se levantó y tomó un libro de una estantería. Su titulo era *El hombre moderno en busca de un alma* por el Dr. Carl Jung.

– Escuche lo que escribió Jung:

"Entre todos mis pacientes que se hallaban ya en la segunda mitad de su vida, es decir, que habían superado los 35 años de edad, no he hallado ni uno solo cuyo problema de fondo no fuera encontrarle un sentido religioso a la vida. Puedo decir con seguridad que todos ellos se pusieron enfermos porque perdieron eso que las religiones de todas las épocas han dado a sus seguidores, y ninguno de ellos se curó realmente sin recuperar antes ese aspecto religioso."

– Entiendo lo que usted me quiere decir, pero yo no estoy seguro de que exista un Dios –dijo el joven.

La Srta. Henderson se quedó pensando un momento.

– Si yo le dijera que el barco QE2 se fue formando durante millones de años, y que durante ese tiempo pequeños trozos de metal, de plástico y de madera se fueron uniendo con una serie de diferentes productos químicos usted pensaría que estoy loca, ¿no?

– Sí, por supuesto.

– Porque usted comprende que el QE2 fue diseñado y construido, por lo cual alguien lo debió diseñar y construir, ¿no es así?

– Sí –respondió el joven.

– Si estudia usted el cuerpo humano hallará un diseño mucho más complejo que el del QE2. El transbordador espacial Columbia consta de más de cinco millones de piezas, sin embargo los componentes del cuerpo humano son más de un billón. Los científicos no dejan de maravillarse ante el funcionamiento de nuestro cuerpo y pese a todos los avances tecnológicos, ni siquiera un ordenador del tamaño del edificio del Empire State, sería comparable al cerebro humano. En toda la Naturaleza no vemos más que un diseño y una perfección increíbles.

– Si existe un Dios –preguntó el joven–, ¿por qué permite que haya tanta desgracia en el mundo?

– Usted me dijo que hace unas semanas era desgraciado –dijo la Srta. Henderson. ¿Por qué era usted desgraciado entonces y ahora ya no lo es?

– Porque he aprendido los secretos de la Abundante Felicidad –respondió el joven.

– O sea, que es usted quien tiene el poder de crear su propia felicidad. ¿Quién podría crear la felicidad de otro?

– Entiendo lo que quiere decir. Todos somos responsables de nuestra propia felicidad.

– Por supuesto. Y si somos desgraciados, es a causa de nuestros propios pensamientos y de nuestros propios actos. No a causa de Dios. Para mí ésta ha sido la lección más maravillosa que he aprendido de los secretos de la Abundante Felicidad: sólo hay una persona que le puede hacer feliz o desgraciado y esa persona es usted.

– Sí, supongo que así debe ser –asintió el joven.

– Finalmente, la fe es algo que tenemos que encontrar por nosotros mismos. Pero yo creo firmemente que todo aquél que busca la verdad, la encuentra. Y muchas veces, cuando más confundidos nos sentimos ocurre algo que hace vibrar nuestra alma. Un pequeño milagro, podríamos decir.

– ¿Como qué? –preguntó el joven.

– ¡Como encontrarse con un anciano chino!

Aquella noche el joven, antes de acostarse, leyó las notas que había tomado.

*El décimo secreto de la abundante Felicidad es: el poder de la fe.*

La fe es el fundamento de la Abundante Felicidad.

Sin fe no hay felicidad duradera.

La fe crea confianza, nos da paz mental y libera al alma de las dudas, las preocupaciones, la ansiedad y el miedo.

## EPILOGO

El joven sintió en su frente las primeras gotas de lluvia, mientras caminaba hacia su coche. Unos minutos después la tormenta descargaba toda su fuerza. Los truenos y los relámpagos precedieron a una lluvia torrencial, que golpeaba violentamente los cristales del coche. A su mente vino aquélla otra tarde, poco más de un año atrás, en la que se encontró con el anciano chino. Recordó lo desgraciado que aquél día se había sentido y sonrió al imaginarse a sí mismo caminando de vuelta hacia el coche, bajo el viento y la lluvia, sin pensar que iba a conocer a un misterioso ser que cambiaría su vida para siempre.

Desde entonces la vida del joven había cambiado de un modo impresionante. Ahora tenía mucha más energía y era más feliz de lo que nunca antes había soñado. Los demás también se daban cuenta, pues sus ojos brillaban de un modo diferente, su paso era más alegre y con mucha más frecuencia que antes, en sus labios asomaba una sonrisa. Sin embargo seguía con el mismo trabajo, tenía el mismo coche y se veía con los mismos amigos de antes. Sólo una cosa había cambiado en su vida y esa cosa era... él mismo.

La gente solía preguntarle por qué estaba siempre tan animado. En tales ocasiones él les relataba su encuentro con el anciano chino y su aprendizaje de los secretos de la Abundante Felicidad. Siempre hallaba un gran placer en compartir con otros lo que él había aprendido, pues sabía que ello tendría un efecto positivo en sus vidas, al igual que lo había tenido en la suya. En más de una ocasión le sugirieron que escribiera un libro contando su historia.

De pronto oyó una fuerte explosión y de la parte delantera del coche comenzó a salir un humo denso. El joven logró llevar el vehículo a un lado de la carretera, luego salió y caminó dos kilómetros y medio hasta el teléfono de servicio más cercano.

Mientras volvía hacia el coche para esperar al mecánico no pudo evitar sonreír para sus adentros. Sentía una gran emoción al pensar que tal vez cuando llegase se encontraría al anciano chino apoyado en su coche, esperándolo, como había ocurrido un año atrás. Estaba ilusionado y ansioso por agradecerle al anciano su ayuda y por contarle cómo los secretos de la Abundante Felicidad habían cambiado su vida. Pero no pudo ser, el anciano no estaba allí.

El joven dio la vuelta al coche y cuando iba a introducir la llave en la cerradura algo le llamó la atención: en el suelo había un objeto de un color amarillo brillante. Se agacho para recogerlo y con gran sorpresa vio que se trataba de... ¡una gorra de beisbol!

Ya sentado en el interior, mientras esperaba al mecánico un pensamiento le vino a la mente. Tomó un lápiz, abrió su cuaderno de notas y se puso a escribir: "Todo comenzó una fría y húmeda tarde del mes de Octubre..."

# INDICE